DR. LARS GEIGES

# WISSENSCHAFTLICHES SCHREIBEN

**Formulierungen, Satzanfänge und Gliederungen**
für alle akademischen Texte

Einfach schreiben ohne Stress.
Mit Checklisten und Beispielen.

# Über den Autor

Dr. Lars Geiges, geb. 1981, ist ausgebildeter Redakteur und promovierter Politikwissenschaftler. Seine Dissertation an der Universität Göttingen wurde mit der Note summa cum laude bewertet. Er ist Autor zahlreicher Studien, wissenschaftlicher Aufsätze und Bücher. Nach langjährigen Stationen in der Wissenschaft und in den Medien arbeitet er heute in der Niedersächsischen Staatskanzlei.

www.wissenschaftlich-arbeiten.net

Originalausgabe
Erste Auflage 2023

Lars Geiges
c/o AutorenServices.de, Birkenalllee 24, 36037 Fulda

ISBN Print: 978-3-9825296-1-5

Kontakt:
info@wissenschaftlich-arbeiten.net
www.wissenschaftlich-arbeiten.net

Coverdesign & Buchsatz:
Danileoart – www.danileoart.com

# Haftungsausschluss

# Inhaltsverzeichnis

**Direkt mit einer bestimmten Textsorte starten? Kein Problem.**
Auf diesen Seiten findest Du jeweils Aufgabe und Funktion, Gliederung, Formulierungen und Satzanfänge der jeweiligen Textsorte sowie eine Checkliste zum richtigen wissenschaftlichen Schreiben.
**Damit kommst Du garantiert sofort ins Schreiben!**

# EINLEITUNG: Was Dir dieses Buch bietet

Dass ich beim wissenschaftlichen Schreiben zuerst an Wein denken muss, kann mit Italien zusammenhängen. Mitte der Nullerjahre habe ich für einige Monate in Genua und der kleinen Universitätsstadt Urbino studiert, gelebt und gearbeitet und – nun ja – verkostet, was abgefüllt in Fässern und Flaschen das Leben zwischen dem Veneto und Apulien noch lebenswerter macht als ohnehin schon. Gekeltert zur Probe standen Natur, Kultur und Mentalität Italiens. Tradition, Geschichte und Geschmack, für die es kaum Worte gibt – womit wir beim Thema wären: dem Schreiben.

Geht es Dir so wie mir früher, dass es Dir sehr schwerfällt zu beschreiben, was genau einen guten wissenschaftlichen Text ausmacht? Zu sagen, aus welchen Gründen er gelungen ist? Zu erklären, weshalb er überzeugt oder eben nicht? Fühlst Du Dich überfordert, wenn Du selbst wissenschaftliche Texte verfassen sollst und so viele Dinge auf einmal zu berücksichtigen sind?

Keine Sorge, dieses Buch ist für Dich.

Wie ein Wein können Texte unter anderem leicht, trocken, neutral, blumig, harmonisch, rund, frisch, langweilig, aber auch streng, schwer, fad, klebrig und dünn ausfallen. Als Laie weiß (oder ahnt) man vielleicht, ob es sich um Qualität handelt, ob ein Text angemessen ist, ob ein Artikel gelungen, die Formulierungen treffend sind oder nicht. Doch für die Begründung, weshalb das so ist, fehlen Anfängern oft die Vokabeln. Dafür brauchen wir Übung. Wir müssen uns auf den Weg zum Kenner begeben, um Unterschiede zunehmend deutlicher zu sehen, zu bewerten und beschreiben zu können.

Damit aber nicht genug. Willst Du selbst gute wissenschaftliche Texte verfassen, musst Du tiefer blicken. Du musst Strukturen nicht nur beschreiben, sondern erkennen, Gliederungen verstehen und lernen, wie Worte wirken. Du musst Dich mit dem Handwerkszeug befassen, um den akademischen Schreibaufgaben gewachsen zu sein und konstant gute Noten einzufahren – vom klassischen Aufsatz über die Hausarbeit bis zum Essay und Thesenpapier.

Wie beim Wein gibt es auch bei wissenschaftlichen Texten eine Vielzahl von Sorten. Diese Textsorten unterscheiden sich zum Teil fundamental voneinander, haben andere Ziele und stellen daher vollkommen unterschiedliche Ansprüche an die Verfasser. Wer sie sich nicht genau vor Augen führt, wird Schwierigkeiten beim Schreiben bekommen.

Nach der Lektüre dieses Buches wirst Du Klarheit gewonnen und zudem für jede Textsorte genaue Anleitungen, Formulierungshilfen und Gliederungen an die Hand bekommen haben, mit der Du jede Schreibblockade lösen kannst. Du wirst dann ein Buch zur Hand haben, in dem Du bei jeder Schreibaufgabe, die Du an der Uni zu absolvieren hast, nachschlagen kannst, damit Du Dich nicht mehr in der Vielzahl von Ratgebern verzettelst.

Fast 20 Jahre nach meiner Zeit in Italien schaue ich zurück auf eine Zeit in der Wissenschaft, in der ich eine Doktorarbeit verfasst habe, die mit der Note summa cum laude bewertet wurde, in der ich mehrere Bücher sowie zahlreiche Aufsätze und Artikel verfasst habe. Veröffentlicht habe ich in wissenschaftlichen Fachzeitschriften, peer-review-journals und Fachverlagen, aber immer auch in Publikumsverlagen, Zeitungen und Onlinemedien. Als Redakteur habe ich viele Jahre für eine wissenschaftliche Zeitschrift gearbeitet, als Volontär einer Tageszeitung zudem den Journalismus von der Pike auf gelernt, als Journalist für Online- und Printmedien geschrieben. Heute bin ich als Grundsatzreferent in der Niedersächsischen Staatskanzlei tätig, wo Vermerke, Berichte, Protokolle, Bewertungen, Kommentare, Studienauswertungen und Analysen mein tägliches Brot sind.

Gerne lade ich Dich ein: Profitiere von meinen Erfahrungen als wissenschaftlicher Autor. Vermeide Fehler, die ich entweder selbst begangen habe oder bei Studierenden korrigieren musste. Stelle Weichen für Deine berufliche Zukunft, indem Du lernst, wissenschaftlich zu schreiben, und fahre ab jetzt konstant gute Noten ein. Es wird sich nicht nur für Dein Studium und für Deinen späteren Berufsweg auszahlen: Wissenschaftlich zu denken, zu lesen und zu schreiben, bereichert Dein Leben und Deine Arbeit.

Aber der Reihe nach.

Das Buch beginnt mit wichtigen **Grundlagen aus der Schreib-Praxis**.

Du erfährst...
... weshalb vielen Studierenden das wissenschaftliche Schreiben so schwerfällt und was sich dagegen tun lässt.
... was die häufigsten Fehler beim Verfassen wissenschaftlicher Texte sind und wie sie sich vermeiden lassen.
... was Prüfer erwarten und nach welchen Kriterien sie Deinen Text lesen bewerten.
... wie Worte wirken und Texte Struktur bekommen.

Anschließend erhältst Du **Anleitungen zum korrekten Verfassen aller gängigen wissenschaftlichen Textsorten** und erfährst ganz konkret und einfach erklärt, worauf Du beim Schreiben der jeweiligen Textsorte zu achten hast.

Wir betrachten bei **allen wichtigen wissenschaftlichen Textsorten** worauf es wirklich ankommt:

- Aufsätze und Fachaufsätze
- Essays

- Thesis (Hausarbeiten, Bachelor- und Masterarbeiten)
- Klausuren
- Protokolle
- Handouts
- Thesenpapiere
- Rezensionen
- Kommentare und Analysen

Du erfährst ...
... was welche Textsorte auszeichnet.
... worauf beim Schreiben wirklich zu achten ist.
... welche Aufgabe und Funktion die jeweiligen Textsorten erfüllen.

Du erhältst zu jeder Textsorte ...
... Formulierungen.
... Satzanfänge.
... Gliederungen, Muster und Beispiele.

Du kannst das Buch von der ersten bis zur letzten Seite lesen (was ich empfehle). Du kannst aber auch direkt in die einzelnen Kapitel springen, um Dir das Wissen dann anzueignen, wenn Du es brauchst. Manchmal muss es eben schnell gehen. Hast Du einen Essay zu schreiben, beginne also mit dem Essay-Kapitel. Musst

Du ein Handout für ein Seminar anfertigen, lese zuerst das Handout-Kapitel. Steht eine Hausarbeit an, starte mit dem Kapitel Hausarbeit.

So wird das Buch wird zum perfekten Begleiter, der Dich erfolgreich durch sämtliche Schreib-Aufgaben Deines Studiums hin zu Deinem Traumnoten-Abschluss führt.

Damit Du noch besser in die Umsetzung kommst, helfen Dir **Checklisten zu jeder Textsorte**, mit denen Du jederzeit den Überblick behältst und prüfen kannst, ob Dein Text den Erfordernissen und Ansprüchen entspricht.

Du kannst direkt loslegen! Satz um Satz und Absatz um Absatz kommst Du ins Schreiben – effizient, strukturiert und ohne Stress.

Wenn Du das Wissen umsetzt, dann garantiere ich Dir ...

- dass Du eine gute Note auf Deinen Text erhältst.
- dass Du weniger Stress hast beim Schreiben und somit auch mehr Zeit für Freizeit und Freunde.

- dass es Dir künftig leichter fallen wird, wissenschaftliche Texte zu schreiben.
- dass Du lernst, planvoll auch umfangreichere Arbeiten wie Bachelor- oder Masterarbeiten zuversichtlicher anzugehen.
- dass Du Klarheit in Deinem Vorgehen erhältst und souveräner im Umgang mit allen Textsorten wirst.
- dass Du selbstbewusster, ruhiger und konzentrierter wirst arbeiten können.
- dass Du mehr Freude am wissenschaftlichen Schreiben hast.

**Also, fang jetzt an, erfolgreich wissenschaftlich zu schreiben!**

Es gibt keinen Grund zu warten.

**PS:** Auch ich möchte mich verbessern und vor allem dieses Buch verbessern. Hilf mir dabei, hinterlasse eine Rezension und/oder schreibe eine E-Mail an info@wissenschaftlich-arbeiten.net. Außerdem findest auf der Seite www.wissenschaftlich-arbeiten.net weitere spannende Informationen rund ums Thema wissenschaftliches Arbeiten, die Dir im Studium weiterhelfen.

**Hinweis:** Zur besseren Lesbarkeit wird in diesem Buch für Bezeichnungen, die sich auf alle Geschlechter beziehen, nur die männliche Form verwendet. Gemeint sind selbstverständlich alle Menschen und niemand soll dadurch diskriminiert werden.

# ZWISCHEN HANDWERK UND KUNST – Niemand muss am Schreiben scheitern!

Morgens ausschlafen, vormittags eine Vorlesung hören, danach mit den Freunden in die Mensa. Am Nachmittag vielleicht noch ein Seminar, ehe am Abend die zünftige WG-Party ruft und am nächsten Tag dasselbe von vorne: das Leben an der Universität ist locker, leicht und wunderschön. Welch Klischee! Welch Mythos!

In Wahrheit schaut es anders aus. Ein fixer Stundenplan diktiert Semester für Semester den Rhythmus, was wann zu lernen ist. Regelmäßig stehen Lernzielkontrollen an, für die man sich vorbereiten muss. Mündliche und schriftliche Prüfungen wollen (und müssen) begleitend bestanden werden. Nur wer stets gute Noten erreicht und außerdem eine sehr gute Abschlussarbeit hingelegt hat, dem winkt das begehrte Traumzeugnis final. Da heißt es Leistung zeigen vom ersten bis zum letzten Tag – anders ist es nicht zu schaffen.

Viele Studierende fühlen sich von der Jagd nach Creditpoints gestresst und gehetzt. Sie spurten durch ihr Studium, sind effizient, aber rastlos. Sie managen ihren universitären Alltag, ohne sich mit der akademischen Welt tiefer zu verbinden. Kurzfristig pauken sie diejenigen Skills, die eingefordert und abgefragt werden, statt sich langfristig das „Kunsthandwerk" des wissenschaftlichen Arbeitens anzueignen – und dabei fühlen sie sich nur noch abgeschlagen und leer.

Geht es Dir genauso, dann lies weiter, denn dieses Buch ist für Dich!

Der Druck hat zweifellos zugenommen. Einerseits. Andererseits solltest Du ehrlich zu Dir sein: Wie viel

Zeit wendest Du dafür auf, um eine inhaltlich wirklich gute Hausarbeit abzuliefern? Wie viel Kraft und Energie steckst Du in Deine Recherche? Mit wie viel Leidenschaft liest Du? Und wie akribisch formulierst Du? Ist Dir Dein Thema wirklich wichtig oder ist es Dir vielleicht sogar egal, was Du schreibst, solange nur die Note am Ende stimmt?

Es geht nicht darum, Dich oder Deine Kommilitonen schlechtzumachen. Kaum etwas ist schlimmer als das Gerede von den guten alten Zeiten, in denen es angeblich so viel besser zuging und an den Hochschulen noch echte Qualität vermittelt worden wäre. Es geht darum, die Dinge zu benennen, wie sie sind.

Festzustellen ist, dass viele Studierende das Schreiben einer wissenschaftlichen Arbeit als Pflicht empfinden, als eine lästige Hürde unter anderen, die es zu überqueren gilt.

Statt das Einüben des wissenschaftlichen Schreibens als Chance zu begreifen (und als Pflicht auf dem Weg zum Abschluss), möchten viele Studierende ihre Essays, Hausarbeiten und ihre Thesis einfach nur irgendwie hinter sich bringen, damit anschließend weitergemacht werden kann (womit genau eigentlich und weshalb?). Entsprechend „funktional" ist die Herangehensweise und entsprechend „ertragreich" – um es mild zu formulieren – fallen oft die Arbeitsergebnisse aus. Wer je einen Stapel Hausarbeiten zu benoten gehabt hat, weiß was gemeint ist. Natürlich gibt es dabei Ausnahmen, das ist doch klar. Dennoch kann man sagen, dass das wissenschaftliche Schreiben – sowie das Schreiben verschiedener Texte – vielen schwerfällt und als Belastung empfunden wird, leider.

Dabei schreiben wir alle wesentlich mehr als früher. Texte haben stark an Bedeutung gewonnen. Textbasierte Kommunikation nimmt weiter zu. Es ist nie zuvor einfacher gewesen als heute zu veröffentlichen. Mag der „Content", der online „created" wird, bildlastiger werden, ohne Text kommt er nicht aus. Überschriften, Titel, Beschreibungen, Kommentare, Kurznachrichten, Posts etc. – wir schreiben immer mehr. Und wir lesen auch mehr als früher, ob online oder offline. Und dennoch beobachten wir eine gewisse Gleichgültigkeit gegenüber dem geschriebenen Wort.

Das ist schade, denn damit werden Chancen vergeben, die sich für die persönliche, aber vor allem auch für die berufliche Entwicklung ergeben für diejenigen, die gut wissenschaftlich zu schreiben lernen.

Schreiben sortiert. Im Prozess des Verfassens eines Textes entsteht Klarheit über die Qualität der Argumente. Die Niederschrift von Gedanken und Ideen strukturiert diese Ideen und Gedanken überhaupt erst, bringt sie in Form und testet sie in gewisser Weise. Was sich nicht aufschreiben lässt, existiert nicht.

Der Vorgang ist linear: Wort für Wort, Satz für Satz, Seite für Seite. Du musst auf jedes Detail achten, damit das große Ganze stimmt. Und Du musst das große Ganze immer im Hinterkopf behalten, damit Du die richtigen Details wählst. Das Schreiben benötigt Deine vollständige Aufmerksamkeit. Wo Ablenkungen und Zeitvertreib allerorten lauern, ist das Schreiben quälend eindimensional. Es ist eine große Herausforderung für viele Menschen, sich über längere Zeit auf einen Punkt zu konzentrieren, dort gedanklich aufzugehen und das Drumherum zu vergessen, zumal wenn Ablenkungen diesen Prozess wieder und wieder zu stören suchen. Und die Quellen möglicher Zerstreuung sprudeln überall. Das macht das Schreiben heutzutage scheinbar anstrengender. Wobei nicht das Schreiben selbst dadurch anstrengender wird, sondern das

Fokussieren (und vor allem das Fokussiertbleiben) auf den Schreibprozess.

Schreiben selbst ist immer mühevoll. Das war so und das wird so bleiben. Es kann gar nicht anders sein. Man hadert und ringt (um Worte). Man verwirft, formuliert neu und korrigiert, um das bestmögliche Ergebnis zu erzielen. Ohne diesen nagenden und zehrenden Prozess im Unruhezustand gibt es keine guten Resultate.

Schreiben ist ehrlich. Es gibt als Autor keine Möglichkeit, sich zu verstecken. Zu sagen, es sei doch ganz anders gemeint als formuliert, funktioniert nicht. Du hattest schließlich Zeit, das richtige Wort zu wählen, den Absatz zu streichen oder hinzuzufügen, einen anderen Ton anzuschlagen oder Deinen Aufbau zu ändern. Was Geschrieben ist, das bleibt und gilt. Es gibt keinen Deinen Text begleitenden Kommentar, mit dem Du wortreich das von Dir eigentlich Gemeinte nachträglich dem Leser vermitteln könntest. Texte sprechen für sich.

Selbstverständlich ist es nicht egal, wer einen Text verfasst hat. Es macht einen Unterschied, ob ein Beitrag von einem Literaturnobelpreisträger, einem bekannten Zeitungskolumnisten oder einem Professor verfasst wurde. Dieser Unterschied befindet sich jedoch auf der Seite des Lesers, genauer: Er liegt in der Erwartungshaltung des Lesers einem Text gegenüber. Freilich sind die Erwartungen an einen Text eines Studierenden geringer. Beim Prozess des Schreibens selbst allerdings sind alle gleich: Jeder Autor steht bei jedem Text vor dem stets selben Ausgangspunkt: ein weißes Blatt Papier. Die Schreibaufgabe ist insofern eine unerhörte Gleichmacherin.

Und doch ist das Verfassen eines Textes immer eine höchstpersönliche Angelegenheit: Text und Name des Autors verbinden sich untrennbar. Texte besitzen Autorenzeilen, die Dich persönlich mit Deinem Werk eins werden lassen. Weiter pathetisch ausgedrückt: Einmal veröffentlicht ist er ein Teil von Dir, der bleibt. Texte haben Bestand. Löschen ist nahezu unmöglich. Das ist ein wesentlicher Unterschied zur Gestaltung beispielsweise eines Blumenbeetes oder einer Autobahnauffahrt, die zum einen vergänglich sind, sich abnutzen und auflösen sowie zum anderen meist keine persönlichen Signaturen tragen, auch wenn sie noch so individuell gestaltet worden sein mögen.

Schreiben ist eine Tätigkeit zwischen Handwerk und Kunst, zwischen Produktion und Gestaltung, zwischen Herstellen und Erschaffen. Je nach Ziel und Textsorte tendiert sie eher in die eine oder eher in die andere Richtung, wobei keine von ihnen per se richtig oder falsch ist. Zuweilen nimmt das Schreiben auch den Charakter einer Dienstleistung an, wenn es darum geht, Informationen von A nach B zu transportieren zum Beispiel. Vor allem aber: Schreiben kann man lernen.

Etwa 30 Prozent der Studierenden brechen ihr Studium ab. Und nicht selten sind Fehler, Mängel und Unwissenheit rund ums wissenschaftliche Schreiben ein Grund dafür. Das ist eine viel zu hohe Zahl, wie ich finde. Niemand darf am Schreiben scheitern! Auch darum dieses Buch.

# 5 MYTHEN ÜBERS SCHREIBEN, die Du sofort erledigen musst

Schreiben ist eine Fähigkeit und eine Fertigkeit zugleich. Worauf es jeweils ankommt, wird oftmals nur diffus beschrieben. Womöglich halten sich auch aus diesen Gründen eine Vielzahl von Mythen rund um das Schreiben derart hartnäckig. Betrachten wir die fünf gängigsten und wie Du Dich von ihnen sofort befreien kannst, damit Dir konstant gute Texte gelingen.

## Mythos 1: Schreiben kann man nicht lernen

**Der Inhalt:** Diesem Mythos zufolge ist Schreiben ein höchst individueller Akt. Er wird nachgerade zu einer Kunstform erklärt (und damit verklärt). Schreiben liege im Blut – oder eben nicht. Man könne es – oder halt nicht. Man habe es einfach drauf – oder eben nicht. Oft handele es sich um Naturtalente, die des guten Schreibens mächtig seien, denen es schlichtweg in die Wiege gelegt worden wäre. Zu dieser genetischen Grundlage tritt nicht selten die Anrufung höherer Kräfte, wenn es darum geht, gutes Schreiben zu erklären: Schreiben als Gott gegebenes Geschick.

**Die Botschaft:** Lass es sein. Es liegt nicht in Deiner Hand als Autor, Dein Schreiben zu verbessern.

**Die Gegenrede:** Erstaunlich, wie hartnäckig sich dieser Mythos hält, von dem gleich eine doppelt negative Strahlkraft ausgeht. Er entmutigt. Sich zu verbessern und sich etwas anzueignen ist dieser Auffassung zufolge unmöglich. Schreiben wird als nicht zu erlernen betrachtet und beschrieben. Und wo es nichts zu erreichen gibt, braucht sich niemand auf den Weg zu machen. Entwicklung ist demnach unmöglich, starr hinzunehmen, was gegeben ist.

Der Mythos raubt Neugier, Antrieb und Motivation. Er lähmt persönlichen Fortschritt. Zudem entlastet er. Wer ihm anhängt, der hat stets eine scheinbar stimmige Erklärung parat, die eigene Anstrengung zu unterlassen.

Dem Mythos zugrunde liegt immer auch eine gewisse Denk- und Erklärfaulheit. Wo die Dinge für unabänderlich erklärt werden, braucht es keine weiteren Worte. Wer ihn vertritt, schließt aus. Er unterscheidet diejenigen, die schreiben können von denjenigen, die nicht schreiben können und fixiert diese beiden Gruppen auf diese Weise.

Natürlich spielen Talent und Neigung beim Schreiben auch eine Rolle – wie bei allen Tätigkeiten –, aber keine finale. Lasse Dich nicht limitieren.

## Mythos 2: Beim Schreiben gibt es kein richtig oder falsch

**Der Inhalt:** Der Mythos besagt, Schreiben sei eine Gestaltungsweise, bei der alles erlaubt wäre. Verbindliche Kriterien gäbe es nicht. Das Schreiben wird damit in eine Sphäre gerückt, in der keine Gesetze gelten. Es verbiete sich demnach, sich als Autor Regeln zu setzen, da es keine objektiven

Kriterien gebe, nach sich denen Texte beurteilen ließen. Es dürfe sie schon deshalb nicht geben, weil sie den Autor einschränkten und beschnitten.

**Die Botschaft:** Urteile sind nicht möglich. Als Autor hast Du alle Möglichkeiten, zu machen, wonach es Dir beliebt.

**Die Gegenrede:** Bereits Rechtschreibung und Grammatik setzen Regeln. Wer sie einhält, schreibt richtig. Wer gegen sie verstößt, begeht Fehler. Insofern ließe sich der Mythos mit diesem schlichten berechtigten Einwand entzaubern, doch so einfach ist es nicht. Schreiben findet nämlich nicht nur auf der formalen Ebene statt, auf der sich – mehr oder weniger – alle Fragen mittels eines Rechtschreibwörterbuches der deutschen Sprache beantworten lassen. Schreiben als Ausdruck von Sprache ist lebendig, in gewisser Weise formbar, verändert sich. Moden und Trends kommen, gehen und bleiben zum Teil bestehen. Hier liegt das Körnchen Wahrheit des Mythos, denn innerhalb dieses Bereiches herrschen keine Regeln.

Sprache unterliegt permanenten Wandel. Jedoch überdehnt Mythos 2 diesen Aspekt gewaltig, bestehen doch deutlich mehr Regeln und Auflagen für gutes Schreiben, manche offen, anderer unausgesprochen.

Expertenjargon oder umgangssprachlich? Kommentierend oder analytisch? Kurz oder lang im Umfang? Fachleserschaft oder breites Publikum? Zielbestimmt oder anlasslos? Im Tonfall räsonierend nachdenklich oder kämpferisch argumentativ? So lauten nur einige zu entscheidende Fragen, deren Beantwortung direkte Auswirkung auf das Schreiben haben. Sie sind einerseits limitierende Faktoren. Andererseits fungieren sie als Leitplanken entlang derer der Weg zum guten Schreiben gefunden werden kann – und muss. Mit diesen Leitplanken mache Dich genauso vertraut wie mit den Regeln der Rechtschreibung und Grammatik.

## Mythos 3: Gutes Schreiben ist Geschmackssache

**Der Inhalt:** Es liege beim Leser, sich ein Urteil zu verschaffen. Er könne am besten bewerten, ob es sich um einen guten oder einen schlechten Text handele, ob ein Autor schreiben könne oder nicht. Und über Geschmack lässt sich bekanntlich nicht streiten. Geschmack ist subjektiv.

**Die Botschaft:** Als Autor sind Dir die Hände gebunden, da jeder Leser selbst über die Qualität Deines Textes entscheidet.

**Die Gegenrede:** Dieser Logik zufolge wären beispielsweise Buch-Bestseller kaum möglich, da jeder Geschmack bekanntlich anders ausfällt. Das Gegenteil ist aber richtig: Unsere Geschmäcker sind oft sehr viel ähnlicher, als wir es selbst wahrhaben möchten. Deshalb ist zum Beispiel auch unser Kaufverhalten sehr gut vorhersehbar, wie uns treffgenaue Angebote von Online-Warenhäusern vor Augen führen, die uns persönlich als Vorschläge erreichen und unsere individuellen Vorlieben (er) kennen. Hier spielen noch andere Effekte eine Rolle, so zum Beispiel, dass Menschen eher dazu neigen, gut zu finden, was andere Menschen bereits für gut befunden haben. Und dennoch misst Mythos 3 dem Leser als Torwächter für Qualität einen viel zu großen Stellenwert bei. Derart aktiv ist der Leser mehrheitlich nicht. Vielmehr will er sich überzeugen lassen – das gilt auch für Dozenten, die Studienarbeiten zu benoten haben. Die Rolle des Autors wird dabei jedenfalls stark unterbewertet. Ihm sind nicht die Hände gebunden, vielmehr hat er es in der Hand, den Leser schreibend zu überzeugen. Darin liegt eine Chance, die Du Dir nutzbar machen musst.

## Mythos 4: Es kommt auf den Inhalt an, nicht auf die Form.

**Der Inhalt:** Nicht das Wie, sondern das Was entscheidet. So lässt sich der Kern des vierten Mythos zusammenfassen. Die Informationen – Genauigkeit, Umfang, Detailtiefe etc. – sind Gradmesser dafür, wie ein Text zu bewerten sei, nichts anderes. Zu beurteilen sei dementsprechend ausschließlich der Inhalt. Der Form komme, wenn überhaupt, lediglich eine Transportfunktion zu: eine Art Lieferservice, der die Ware an die Haustür bringt wie eine Pizza. Ob der Kurier ein neues Lastenrad oder einen alten Golf nutze, sei zur Beurteilung der Pizza unerheblich, suggeriert der Mythos, um in diesem Bild zu bleiben.

**Die Botschaft:** Schreiben als Mittel der Darstellung und des Ausdrucks ist unwichtig. Gutes Schreiben steht damit implizit unter dem Verdacht der Schönschreiberei, der brotlosen Kunst.

**Die Gegenrede:** Inhalt und Form sind beim Schreiben nicht voneinander zu trennen. Es handelt sich nämlich nicht um eine „Ware", die bloß auf verschiedene Arten verpackt werden kann. Es ist anders: Die „Verpackung" ist wesentlicher Teil der Ware selbst. Mehr noch als das: Die „Verpackung" bestimmt, wie der Inhalt gelesen und gedeutet wird. Und umgekehrt bestimmt die Art des Inhalts, welche „Verpackung" notwendig ist, legt sie zumindest nahe. Also stehen Darstellung und Inhalt unmittelbar in Verbindung, beeinflussen sich und müssen am Zweck ausgerichtet werden. Wer überzeugend schreibt, kennt diese Wechselseitigkeit und macht von ihr Gebrauch.

## Mythos 5: Die Künstliche Intelligenz übernimmt das Kommando. Das Schreiben von Texten wird automatisiert, der Autor überflüssig.

**Der Inhalt:** Mit dem Aufkommen von ChatGPT und anderen Chatbots können Texte jedweder Art automatisch und mit wenig Aufwand generiert werden, die eine bisher ungekannte inhaltliche und sprachliche Qualität aufweisen. Die KI werde immer besser, schneller, präziser und ausdrucksstärker, so dass es bald kein Autor mehr mit ihr aufnehmen könne, lautet der Mythos. Längst seien die Chatbots als Schreiber ihren menschlichen Pendants ebenbürtig, schon bald würden sie sie übertreffen. Es gehe dann bloß noch darum, den Chatbot mit akkuraten Anfragen mundgerecht zu füttern, um das gewünschte Ergebnis zu erhalten. Aus dem Autor würde ein Kurator von KI-Inhalten werden.

**Die Botschaft:** Das Schreiben ist außer Mode und tendenziell fortschrittsfeindlich.

**Die Gegenrede:** Gedruckte Texte, die gelesen werden, gibt es seit Johannes Gutenberg Mitte des 15. Jahrhundert den Buchdruck erfand. Und in der Zwischenzeit hat es wahrlich viele neue Medien gegeben, die hinzugekommen sind. Kino, Film und Radio haben ebenso wenig wie Plattenspieler, Kassettenrekorder und DVD die Lektüre von Text abgelöst. Sie haben sie ergänzt und nicht ersetzt. Auch wenn audio-visuelle Anteile im Internet zunehmen, lösen sie Text nicht ab. Im Gegenteil, die Menge an geschriebenem Text online steigt weiter. Letztlich lässt sich das Aufkommen der Chatbots auch als Bestätigung einer gestiegenen Bedeutung von geschriebenem Text (der natürlich auch Programmiercodes umfassen kann) verstehen. An dieser Stelle dürfte es sich erneut um eine Erweiterung, nicht um eine Ablösung des Mediums Text handeln. Zudem misst der Mythos dem Autor als kreativer Schöpfer von Text einen geringen Wert bei, wenn er von computerisierter Austauschbarkeit ausgeht. Ob dem so sein wird, ist ganz und gar offen, schließlich müssen ChatGPT und Co. gute Fragen (in Textform) gestellt werden (von Menschen), damit die Text-KI gute Antworten geben kann.

## „Sonderfall“ des wissenschaftlichen Schreibens

Nicht selten verschmelzen einige der fünf oben genannten Mythen miteinander. In Reinform treten sie eher selten auf. Doch wirken sie sich auf das wissenschaftliche Schreiben aus.

Das wissenschaftliche Schreiben ist insofern eine Besonderheit, die sich beispielsweise vom literarischen oder journalistischen Schreiben unterscheidet, als dass durch wissenschaftliches Arbeiten gewonnene Erkenntnisse präsentiert, vermittelt und fachlich eingeordnet werden. In seinem Zentrum steht also die Darstellung von Forschungsergebnissen, die über die Güte des Gesamttextes wesentlich entscheiden, die Qualität einer Studienarbeit bestimmen. Eine schlecht durchgeführte Forschung kann dabei nicht mit einer famosen Schreibe zu einer guten oder einer sehr guten Bewertung verwandelt werden. Andersherum kann allerdings ein schlechter Schreibstil und eine ungünstig gewählte Textstruktur ein gut angelegtes Forschungsvorhaben entwerten und herabsetzen, seine Qualität mindern. In der Praxis häufiger anzutreffen ist allerdings der Fall, dass gute Forschungsarbeiten meistens auch gut aufgeschrieben werden. Doch dafür müssen korrektes wissenschaftliches Arbeiten und gutes wissenschaftliches Schreiben in Einklang miteinander gebracht werden. Genau dabei hilft Dir dieses Buch!

# 7 GRÜNDE, die Dich am Schreiben hindern und was Du gegen sie tun kannst

Es sind selbstverständlich nicht nur Mythen rund ums Schreiben, die Dich darin hindern, dass Du wissenschaftlich zu formulieren lernst, Du in der Lage bist, souverän Arbeiten und Texte zu schreiben. Allein die Mythen zu entkräften bereitet noch nicht Deinen Weg zur Bestnote. Vielmehr musst Du Dich auch mit Dir selbst beschäftigen und Deine persönlichen Hindernisse ins Visier nehmen.

Unser Alltag ist herausfordernd. Das gilt für alle Lebensabschnitte, natürlich auch für die Zeit des Studiums, in der wichtige Weichen für die Zukunft gestellt werden. Du musst zum einen den fachlichen Ansprüchen genügen, die Dein Studium an Dich stellt, neue Arbeits- und Lernweisen, ein verändertes Prüfungswesen, das Dir begegnet. Du hast zum anderen ein gewandeltes privates Umfeld, als Student einen neuen Rhythmus in Deinem Leben – sei es durch einen Umzug in eine andere Stadt oder durch neue Freunde und Bekanntschaften, durch einen Nebenjob, der mit dem Lernen für die Uni und ausreichend Zeit für Familie und Freunde vereinbart werden will. Wer berufsbegleitend im höheren Lebensalter ein Studium aufnimmt, hat wiederum andere Schwierigkeiten zu meisten.

**Kurzum:** Wer sich blockiert fühlt, wenn es um das Thema Schreiben geht, muss eine größere Betrachtung der Umstände vornehmen, um (seine) Hindernisse aus dem Weg zu räumen.

Schreibblockaden liegen im Wesentlichen sieben Ursachen zugrunde.

## Grund 1: Stress

Stress ist nicht per se schlecht, sondern sehr wichtig, beispielsweise wenn man vor etwas davonläuft, in einen Faustkampf verwickelt wird oder sich auf der Jagd befindet, bei Fragen von Angriff und Verteidigung. Nur stellen sie sich uns (glücklicherweise) kaum mehr. Was in vormodernen Zeiten unabdingbar gewesen ist, ist in unserem modernen Leben oftmals von Übel, denn die gestresste Person braucht ein Ventil, um sich abzureagieren und auf diese Weise ihren Körperzustand zu regulieren. Es braucht Wege, um das Stressniveau zu reduzieren. Sind diese jedoch nicht ausreichend vorhanden, kann dauerhafter Stress nicht nur belasten, sondern Körper und Psyche krankmachen. Beispielsweise Erschöpfung, Gereiztheit, Schlafstörungen, Leistungs- und Konzentrationsschwächen, Magen-Darm-Probleme und Bluthochdruck können allesamt von Stress bedingt sein. Auch dem Burnout geht häufig eine langanhaltende Phase des Dauerstresses voran. Kurzum, Stress sorgt einerseits kurzzeitig für eine maximale Fokussierung, andererseits macht er langfristig krank, wenn er nicht abgebaut werden kann.

**Erklärung:** Stress ist individuell. Man sollte ihn von zwei Blickwinkeln betrachten. Zum einen wirken Stressfaktoren von außen ein, werden durch unsere Umwelt an uns herangetragen. Zwar kann die eigene innere Einstellung gegenüber den äußeren Stressfaktoren angepasst und damit der Umgang verbessert werden, die Ereignisse selbst sind jedoch nicht zu ändern. Auch die Stressresistenz ist zum Teil vererbbar.

Zum anderen ist Stress und der Umgang damit eine innere Angelegenheit. Hierbei ist es unerheblich, ob es sich um reale Anforderungen handelt (beispielsweise eine anstehende Klausur) oder um gefühlte Anforderungen (beispielsweise ein bestimmtes Handeln und Verhalten, von dem man meint, dass es einem abverlangt würde). Beides kann als gleichermaßen stressig wahrgenommen werden. Der Umgang mit Druck, Angst, Erwartungen und Nervosität – also inneren Stressfaktoren – ist entscheidend. Kann die innere Haltung angepasst werden, kann man Stress abmildern.

**Gegenmittel:** Mach Dir klar, dass es bei der Regulierung von Stress sehr stark auf Deine eigene Perspektive ankommt, genauer: auf die Frage, wie sehr Du Dich stressen lässt. Du kannst nicht bestimmen, wie viele Hausarbeiten Du in einem Semester verpflichtend zu schreiben hast. Du kannst aber bis zu einem gewissen Grad steuern, wie sehr Du Dich von all Deinen Aufgaben stressen lässt. Bereite Dich vor und lerne Dich besser kennen. Du musst erkennen, wann sich bei Dir Stress aufbaut und aus welchen Gründen er entsteht, und ein Gespür dafür entwickeln, wann er überhandnimmt. Meditationsübungen können Dir dabei helfen. Akzeptiere, dass Stress Teil des Lebens ist. Vermeide aber unbedingt, dass Dein Handeln und Verhalten von Stress dominiert wird und Dich auf diese Weise daran hindert, Deine Ziele zu erreichen. Tritt kürzer, wenn nötig. Sorge für Ausgleich. Stressabbau gelingt Dir am besten durch Bewegung. Den Stress steuern und minimieren kannst Du außerdem über ein für Dich optimales Zeitmanagement.

## Grund 2: Zeit bzw. Zeitdruck

Fehlende Zeit gerät zum Stolperstein, da sie die Ruhe nimmt, die unbedingt an den Tag gelegt werden muss, um sich tiefgehend auf die Aufgabe des Schreibens einzulassen. Termine und Verpflichtungen erzeugen eine (gefühlte) Eile, bei der die Aufmerksamkeit auf das Hier und Jetzt verloren geht. Die Folgen sind

Stress, Unruhe und Unausgeglichenheit. Der Eindruck, am Ende des Tages zu wenig geleistet zu haben, zehrt an einem und verursacht ein schlechtes Gewissen. Reagiert wird darauf nicht selten damit, dass noch mehr Aufgaben angegangen und in das Zeitfenster gepresst werden, wodurch sich der Zeitdruck nur noch weiter erhöht.

**Erklärung:** Sehr viele Menschen klagen über Zeitmangel und haben den Wunsch, ihre Zeit zielgerichteter zu nutzen. Beruflich wie privat soll optimiert werden, was zeitlich optimiert werden kann. Häufig ist die Klage über einen Mangel an Zeit jedoch nur ein Platzhalter, ein Resultat von Unsicherheiten bei der Prioritätensetzung der Aufgaben beispielsweise. Auch eine mangelnde Übersicht, eine laxe Arbeitsdisziplin oder schlichtweg Aufschieberitis können hinter der Klage Zeitmangel stehen. Der Beschwerde liegt oft eine Vermeidung von Entscheidungen zugrunde.

**Gegenmittel:** Zeit ist ein sehr limitiertes Gut, das niemals im Überfluss vorhanden sein kann. Behandle es entsprechend als solches und vermeide Ablenkungen. Sei ehrlich zu Dir, wenn es um mangelnde Zeit geht, und begib Dich auf die Suche nach den dahinterliegenden Motiven. Fang bei Dir selbst an, nach den Ursachen zu forschen. Bestimme Du selbst, wie Du Deine Zeit nutzt, lass nicht andere darüber entscheiden. Und setze dabei auf Konstanz. So sicher wie das Ablaufen einer Uhr verbessern sich Deine Arbeitsergebnisse bei anhaltend konstantem Arbeitsaufwand.

## Grund 3: Prüfungsangst

Übersteigerter und wiederkehrender Stress aufgrund bevorstehender Prüfungen nennt man Prüfungsangst. Der Körper kann mit Schwitzen, Übelkeit oder Atemnot reagieren, teils Tage und Wochen vor der anstehenden Prüfung. Das Hormon Adrenalin wird ausgeschüttet. Sorgen, Aufgeregtheit, Nervosität, ja sogar die Angst vor der Angst lähmen Körper und Geist. Es kann ein gefährlicher Kreislauf aus negativen Gedanken, der das Handeln und Verhalten bestimmt (und lahmlegt).

**Erklärung:** Oft ist es nicht die Prüfungsaufgabe selbst oder ihre Folgen, die Angst machen, sondern es sind die selbst konstruierten Gedanken. Spätestens, wenn Ängste den Alltag dominieren, gar Panikattacken auftauchen, ist es höchste Zeit für professionelle Hilfe. Unterhalb dessen gibt es zahlreiche Tipps, die helfen können.

**Gegenmittel:** Atemübungen und Meditation, Sport und Bewegung, Entspannung, eine ausgewogene Ernährung, ausreichend Schlaf. Selbstverständlich hilft immer auch eine langfristige strukturierte Prüfungsvorbereitung gegen Prüfungsangst. Sie ersetzen jedoch nicht die Beschäftigung mit dem mentalen Haushalt, die jeder selbst vorzunehmen hat, ob allein oder mit Unterstützung. Ängste sind heilbar. Es gibt erprobte Therapieformen. Mach Dir klar, dass nicht das Ereignis selbst angstmachend ist. Führe Dir vor Augen, wie Du andere vergleichbare Prüfungen in der Vergangenheit bestanden hast. Wiederhole wie ein Mantra, dass Du auch diese Prüfung bestmöglich absolvieren wirst, und sieh sie als Chance an, Deine Fähigkeiten unter Beweis stellen zu können. Prüfungen sind Entwicklungsschritte.

## Grund 4: Perfektionismus

Hohe Standards, höchste Ziele, an sich selbst sehr große Ansprüche: Vollkommenheit ist es, wonach der Perfektionist strebt. Etwas als „fertig" zu betrachten, ist für sie kaum möglich. Die Folgen können gravierend sein. Zwar erzielen Perfektionisten in der Tat aufgrund ihrer Akribie, ihrer Gewissenhaftigkeit und ihres Fleißes häufig sehr gute Arbeitsergebnisse, aber sie zahlen dafür einen Preis. Die Gefahr auszubrennen ist nicht unerheblich.

Ihnen mangelt es an der Fähigkeit, zwischen Wichtigem und weniger Wichtigem, zwischen Dringlichem und weniger Dringlichem zu unterscheiden. Und sie stehen unter Druck, in allen Bereichen abzuliefern. Meist leiden Perfektionisten unter ihrem Perfektionismus. Spätestens, wenn der Umfang der Aufgaben und Erledigungen nicht mehr zu bewältigen ist, kann es passieren, dass Perfektionisten unter der Last beruflich wie privat entkräftet zusammenbrechen.

**Erklärung:** Es gibt mehrere Quellen, aus denen das Streben nach Perfektion entspringen kann. Betroffen sind nicht selten Menschen, die ohnehin über Ausnahmefähigkeiten verfügen, die sehr talentiert sind, in dem was sie tun, und die ein hohes Maß an Motivation bereits von Haus aus mitbringen. Frühe Prägungen spielen wichtige Rollen. So kann eine sehr auf Leistung und Erfolg ausgerichtete Erziehung Perfektionismus fördern. Umgekehrt kann ebenso eine übermäßig freie, ja regellose Erziehung zu perfektionistischem Verhalten führen. Beim Perfektionismus handelt es sich immer um eine übersteigerte Gewissenhaftigkeit, die sich aus der Angst entwickelt, nicht zu genügen.

**Gegenmittel:** Perfektion ist unerreichbar. Wer sie anstrebt, muss früher oder später scheitern. Es ist bloß eine Frage der Zeit. Das gilt für alle Lebensbereiche – und für das wissenschaftliche Schreiben insbesondere. Wissenschaft ist auf eine bestimmte Weise immer vorläufig und korrekturbedürftig. Sie ist ihrem Wesen nach unperfekt und unvollkommen.

Werde Dir klar darüber, dass Dein Perfektionismus eine Ausgleichsreaktion auf etwas ist, das Du vermutlich in Deiner Kindheit und Jugend erfahren hast. Daran ist nichts Schlimmes. Nur musst Du lernen, damit umzugehen. Deine Selbstzweifel kannst Du beenden, indem Du Dir sagst, dass scheitern zu dürfen in Ordnung ist. In der Wissenschaft gehört Scheitern zum Geschäft. So kann eine Studienarbeit, in der gut begründet dargelegt und reflektiert wird, weshalb der Verfasser beim Versuch, seine Forschungsfrage zu beantworten, gescheitert ist, ein Lesevergnügen sein und einen wissenschaftlichen Gewinn darstellen.

Lerne, Dich selbst zu beobachten. Erkenne Deine eigenen Grenzen an und schütze sie. Lass nicht Deinen Perfektionismus bestimmen, was Du tust und denkst.

## Grund 5: Prokrastination

Aufschieben und prokrastinieren unterscheiden sich. Etwas aufzuschieben, kann eine bewusste Entscheidung sein mit dem Ziel, ein besseres Arbeitsergebnis zu erreichen. Die Prokrastination ist hingegen ziel- und strukturlos. Meistens finden Prokrastinierende zahlreiche Entschuldigungen und scheinbar schlüssige Erklärungen für ihre Ausflüchte. Implizit jedoch wissen diejenigen, die prokrastinieren oft, dass ihr Handeln schädlich für die Erreichung ihrer eigenen Ziele ist. Geringer Lernerfolg, schwache Leistungsfähigkeit und schlechte Noten sind die Folgen. Oft übersehen wird: Prokrastination ist nachweislich schädlich für die Gesundheit. Sie führt häufig zu (noch mehr) Stress während des Studiums, der krankmachen kann. Abgeschlagenheit, Schlafstörungen und Nervosität können auftreten. Auch Scham spielt eine Rolle, weshalb die Prokrastination mit der Zeit oftmals selbstverstärkend wirkt und sich prokrastinierende Studierende zum Teil sozial isolieren.

**Erklärung:** Es gibt Menschen, die neigen per se stärker zur Prokrastination als andere. Impulsivität und eine besondere Empfänglichkeit gegenüber äußeren Reizen machen es wahrscheinlicher, dass eine

Neigung zu Prokrastination vorhanden ist und, sofern sie auf begünstigende Rahmenbedingungen stößt, auch ausgelebt wird. Bei anderen ist die Fähigkeit zur Selbstregulation unterentwickelt. Gemeint ist damit der Grad, mit dem Menschen ihre Aufmerksamkeit, Emotionen, Handlungen und Impulse zu steuern in der Lage sind. Außerdem können Situationsfaktoren die Prokrastination befördern, beispielsweise wie attraktiv, sinnhaft und komplex eine Herausforderung erachtet wird, welche Art des Feedbacks gegeben wird.

**Gegenmittel:** Selbstorganisiert arbeiten zu können, ist für das wissenschaftliche Arbeiten essentiell. Wer prokrastiniert, vermeidet jedoch diese Selbstorganisation, indem Entscheidungen versucht werden zu verlagern beziehungsweise ihnen zu entkommen. Das ist bereits insofern falsch, als auch etwas zu vermeiden eine Entscheidung darstellt – und zwar eine denkbar schlechte. Bedenke, dass es keine Nicht-Entscheidungen gibt. Behalte die Kontrolle über Deine Zeit, Deine Aufmerksamkeit und Deine Prioritäten und übernimm Verantwortung. Lerne zu priorisieren. Du musst zwischen Wichtigem und Unwichtigem sowie zwischen Dringlichem und Nicht-Dringlichem in Bezug auf Deine Studienarbeit unterscheiden, damit Du Deine Effektivität erhöhst.

Hier gibt es ein breites Angebot von Strategien, Hilfsmitteln und Apps aus dem Bereich des Zeitmanagements, die vorgeben, Dir diese Arbeit abzunehmen und Dir dabei zu helfen. Es genügt aber meiner Überzeugung nach ein Blatt Papier und ein Stift, denn nicht die Hilfsmittel bringen Dir bei, wie Du Deine Aufgaben priorisierst. Sie unterstützen Dich lediglich dabei. Das Lernen findet nur während des Prozesses selbst statt. Wie Du zu welchem Zeitpunkt welche Aufgaben richtig priorisierst, um eine gute Studienarbeit zu verfassen, lernst Du allein durch wiederholte Anwendung und nur durch das Schreiben von eigenen Texten.

Noch maßgeblicher als die Priorisierung ist Deine Disziplin. Listen und Arbeitspläne bringen nur etwas, wenn sie auch eingehalten werden, andernfalls sind sie eher Zeitfresser und können den Stress sogar erhöhen, weil die Nichterfüllung das eigene Versagen nur umso mehr veranschaulicht, je weniger Haken auf einer To-do-Liste gemacht werden konnten. Nutze die Kraft der Routine, indem Du Dich an Deine Pläne hältst und Schritt für Schritt vorgehst. Das gilt selbstverständlich ebenso für das Ende von festgelegten Arbeitszeiten, damit Du Überbelastungen vorbeugst.

## Grund 6: Motivationsdefizit

Motivation ist die Summe der Beweggründe für oder gegen ein bestimmtes Handeln und Verhalten. Dabei wird zwischen intrinsischer („von innen heraus“) und extrinsischer Motivation („von außen“) unterschieden. Wer stark intrinsisch motiviert ist, verbindet mit seinem Tun einen hohen Selbstzweck, aus Neugier, Interesse, Leidenschaft oder Neigung. Wer eher extrinsisch motiviert ist, sieht in seinem Tun ein Mittel zum Zweck – eine Belohnung, eine Beförderung, aber auch Zwang oder Druck, den es mit dem Handeln auszugleichen gilt. Wer unmotiviert ist, sieht keinen Sinn in seinem Tun und ist ziellos – eine denkbar schwierige Konstellation, die aber von Motivationsschwankungen zu unterscheiden ist. Durststrecken und Tage, an denen einem die Arbeit nicht so leicht von der Hand geht, gehören zum Prozess dazu. Sie sind zu akzeptieren, ohne gleich das große Ganze in Frage zu stellen. Keine Motivation zu besitzen, gar dauerhaft demotiviert zu sein, wiegt hingegen schwer und stellt ein großes Hindernis dar. Ohne Motivation wird die Arbeit zur Qual. Ein Scheitern droht.

**Erklärung:** Wir brauchen Ziele und Sinn. Sie geben uns als Menschen Antrieb, Halt und Orientierung zugleich. Gerade bei langfristigen Aufgaben, die Mühe, Zeit und Anstrengung erfordern, fällt Motivation stark ins Gewicht. Ihre Bedeutung wird meist unterschätzt. Die Annahme, allein mit purem Fleiß – der für sich genommen eine gute Eigenschaft ist – über die Runden zu kommen, greift zu kurz. Menschen spüren, sehen und fühlen in ihrem Gegenüber einerseits den Grad der Motivation für eine bestimmte Sache und rechnen ihm diese positiv an. Andererseits vermag es lediglich die ausgeprägte intrinsische Motivation, Erfolg und Erfüllung langfristig miteinander in Einklang zu bringen.

**Gegenmittel:** Entdecke Deine wahren Leidenschaften und gehe ihnen nach. Du brauchst eine bestimmte Verbundenheit zu dem, was Du tust, die sich für Dich sinnvoll anfühlt. Das ist ein Vorgang, der Zeit braucht. Du benötigst gleichermaßen Geduld, um Deine intrinsische Motivation auf- und ihr nachzuspüren, sowie Entschlossenheit und Mut, um falsche Wege zu beenden. Was sind Deine Ziele? Weshalb tust Du das, was Du tust? Bist Du mit Deinen Ergebnissen zufrieden? Diese Fragen sollten Dich anleiten, um langfristig erfolgreich und zufrieden zu sein.

Motivation entsteht durch Handlung. Hierbei kann Dich ein Arbeitstagebuch unterstützen, in dem Du Schritt für Schritt dokumentierst, welche Aufgaben Du bereits erledigt hast. Erfolgserlebnisse, auch kleine, motivieren. Die Visualisierung Deines Ziels beziehungsweise Deines Teilziels hilft Dir dabei, Dich anzuspornen. Versuche zu spüren, wie gut es sich anfühlt, Deinen fertigen Text abzugeben, Deinen Artikel gedruckt zu betrachten oder Dein Abschlusszeugnis in Empfang zu nehmen. Auf diese Weise lädst Du die Erreichung Deines Ziels mit positiven Bildern auf. Ein kleiner Trick mit Wirkung, denn das Gehirn kann strukturell zwischen Realität und Vorstellung nicht besonders gut unterscheiden. Dein Ziel wir (noch) attraktiver.

## Grund 7: Zu geringes handwerkliches Wissen

Wir lernen das Schreiben früh im Leben. Es gehört wie das Lesen zu den wesentlichen Kulturtechniken und zum Alltag dazu. Für das Verfassen gelungener wissenschaftlicher Texte braucht es allerdings sehr viel mehr als in der Lage zu sein, lesen und schreiben zu können. Dass es Dir am notwendigen Handwerkszeug mangelt, bedeutet, dass Dir das Wissen über Struktur und Aufbau wissenschaftlicher Texte fehlt, dass es Dir an Übung mangelt, diese praktisch anzuwenden, angemessene Worte und Sätze zu formulieren. Oftmals das Resultat: ein stundenlanges Starren auf ein leeres Blatt Papier. Über das nötige Handwerkszeug zu verfügen, bedeutet, planvoll zu agieren, sich das Ziel der Schreibaufgabe vor Augen zu führen und einen Weg samt Zwischenetappen dorthin entwickeln zu können. Wer das Handwerk beherrscht, besitzt Selbstvertrauen, verfügt über Sicherheit und Optimismus beim Schreiben, ist fähig, unterschiedliche Schreibaufgabe strukturiert zu bewältigen und zum gewünschten Ergebnis zu führen.

**Erklärung:** Gute Texte zu verfassen – ob kurz oder lang, akademisch oder nicht akademisch – kann man bis zu einem gewissen Grad lernen. Häufig wird der Anteil dessen, der erlernt werden kann beim Schreiben deutlich unterschätzt. Eine Vielzahl von Ausbildungsberufen, angewandte Studiengänge, Seminare und Workshops belegen und beweisen das. Von redaktionellen Volontariaten, Akademien für Werbetexte und Journalismus-Schulen hin zu literarischen Schreibwerkstätten und Lehrgängen für freies Schreiben – die Liste ist lang und unübersichtlich. Darin liegt sicherlich auch eine Schwierigkeit:

herauszufinden, auf welche Weise mit welcher Unterstützung, unter wessen Anleitung und unter welchen Prämissen das wissenschaftliche Schreiben erlernt werden sollte. Allein um diese Fragen zu beantworten, bräuchte es einiges an Erfahrung, die jemand, der damit beginnt, wissenschaftlich zu schreiben, noch gar nicht besitzen kann.

**Gegenmittel:** Es ist also durchaus kompliziert und eine One-size-fits-all-Lösung gibt es nicht. Du musst Dich auf den Weg machen, testen und verwerfen, übernehmen, was Dich anspricht, was Dir zusagt und hilft. Das bedeutet vor allem: lesen. Da bedeutet vor allem: schreiben.

Suche Dir Texte und Arbeiten, die Dir vorbildlich erscheinen und finde heraus, aus welchen Gründen Dich diese Texte ansprechen und überzeugen. Texte, die in Dir nachhallen, die etwas in Dir in Bewegung gesetzt, die Resonanz erzeugt, Gedanken und/oder Fragen ausgelöst haben, solltest Du immer genauer unter die Lupe nehmen. Wie werden die Inhalte präsentiert? Wie werden Ergebnisse und Gedanken dargestellt? Und mit welchen Worten und Stilmitteln geschieht es? Finde Autoren aus Deinem Fach- und Interessengebiet, die Dir mit ihrer Art zu schreiben gefallen und überzeugen. Studiere ihre Texte.

# DIE 5 HÄUFIGSTEN FEHLER BEIM SCHREIBEN und wie Du sie vermeidest

Wissenschaftliche Texte kommen niemals ohne Schwächen daher. Es gibt keine perfekten Hausarbeiten, keine Studien ohne Abschnitte, die sich nicht auch in Frage stellen ließen. An jedem Artikel ließen sich Passagen beanstanden. Jede Studie hat ihre Mankos, jedes Buch enthält Fehler. Die Entscheidung beispielsweise für die Nutzung einer Quelle, für die Formulierung einer spezifischen Forschungsfrage oder für einen bestimmten Gliederungsaufbau beinhaltet immer auch die Entscheidung gegen zahlreiche andere denkbare Optionen, die wiederum – mal aus sehr, mal aus weniger triftigen Gründen – für geeigneter erachtet werden könnten. Insofern geht es beim wissenschaftlichen Schreiben in vielerlei Hinsicht um die Vermeidung von Fehlern sowie um die Entkräftung etwaiger Kritikpunkte. Das Wesen der Wissenschaft ist Unvollkommenheit. Daraus resultiert eine ganz besondere Pflicht zur Akribie beim Schreiben.

Versetze Dich einmal in die Lage Deines Dozierenden, der einen Stapel von Abschlussarbeiten vor sich liegen hat. Wer viele Jahre in Forschung und Lehre tätig ist, hat unzählige Studienarbeiten gelesen und ist ein professioneller Leser von wissenschaftlichen Texten gleich welcher Art. Ohne den Stapel auch nur berührt zu haben, kann der Prüfer bereits eine Reihe von Fehlern benennen, die bei der Durchsicht auf ihn wartet – denn Studierende begehen sie immer wieder.

Schreiben bedeutet zu ordnen und zu sortieren. Wer gute wissenschaftliche Texte schreiben will, sollte im ersten Schritt nicht die Fehler begehen, die die meisten Studierenden machen. Gelingt es die fünf häufigsten Fehler zu vermeiden, wird der Text dem Prüfer aus dem Stapel aller studentischer Arbeiten bereits als ein positives Beispiel auffallen.

## Fehler 1: Dein Text enthält zu viele Fehler (Grammatik und Rechtschreibung)

Es stört den Lesefluss und nervt ungemein, wenn Kommas falsch gesetzt wurden und kaum eine Seite ohne einen Rechtschreibfehler auskommt. In fast jedem Buch lassen sich orthografische und/oder grammatikalische Fehler entdecken. Perfektion gibt es auch hier nicht. Hausarbeiten und kürzere Texte mit einem Umfang von bis zu 30 Seiten müssen jedoch fehlerfrei abgegeben werden, wenn Du eine Bestnote anstrebst.

Es kommt auf den Eindruck an und auf die Botschaften, die ein Text sendet, in dem Wörter falsch geschrieben sind, Kommas fehlen oder der Konjunktiv nicht korrekt angewandt wurde. Der Prüfer muss zwangsläufig zu dem Schluss gelangen, dass Dein Gesamttext wenig Wert besitzt, andernfalls hättest Du mehr Sorgfalt und Mühe an den Tag gelegt. Wer gegen die Regeln der Rechtschreibung und der Grammatik auf wenigen Seiten gleich mehrfach verstößt, so die (leider oftmals begründete) Annahme, achtet erst recht nicht auf Genauigkeit bei der Durchführung seiner wissenschaftlichen Forschung. Gleichgültigkeit und Desinteresse gegenüber der eigenen Arbeit lautet der Vorwurf.

Auch Formatierungsfehler werden vom Prüfer ähnlich wie Rechtschreib- und Grammatikfehler betrachtet und bewertet. Hier ist vor allem Uneinheitlichkeit das größte Übel, das es zwingend zu vermeiden gilt. Die Zitierweise muss einheitlich sind. Schriftgrößen dürfen nicht variieren. Dasselbe gilt für Abstände, Aufzählungen, Einzüge, Diagramme, Graphiken und Verzeichnisse. Von der ersten bis zur letzten Seite muss der Text einheitlich durchformatiert sein.

**Gegenmittel:** Fehler bei Rechtschreibung, Grammatik und der Formatierung des Textes lassen sich vergleichsweise sehr einfach beheben. Benutze Korrekturprogramme. Lese selbst Deinen Text final mehrfach gegen. Bitte Kommilitonen, Korrektur zu lesen und auch die einheitliche Formatierung zu prüfen. Gerade für kürzere Texte kostet ein professionelles Korrektorat nicht viel. Du solltest es, zumal wenn Du weißt, dass es dort bei Dir hapert, in Anspruch nehmen. Dasselbe gilt für die Formatierung des Textes. Lerne, Dein Dokument nach den Richtlinien einheitlich fehlerfrei zu gestalten – oder gebe diese Aufgabe an jemanden weiter, der dies für Dich übernimmt, wenn Du dafür keine Zeit aufbringen kannst und magst.

## Fehler 2: Dein Text ist unverständlich (Ausdruck, Sprache und Stil)

Auch wenn jedes Wort richtig geschrieben, jedes Komma korrekt gesetzt und die Formatierung fehlerfrei ist, heißt das noch nicht, dass es sich automatisch um einen guten Text handelt. Schwieriger zu beschreiben (und damit auch zu beheben) sind Fehler des Ausdrucks, der Sprache und des Stils. Es geht unter anderem um Takt, Ton und Tempo. Für sie existieren keine verbindlichen Rechtschreibwörterbücher, Vorlagen oder Regeln, die sich nachschlagen und befolgen ließen. Und dennoch lassen sich Häufigkeiten benennen, Fehler in bestimmten inhaltlichen und strukturellen Teilbereichen der Stilistik, die dazu führen, dass die Verständlichkeit und Sinnhaftigkeit wissenschaftlicher Texte leidet. Umgekehrt verbessern sich Texte sofort deutlich, wenn man die folgenden Punkte beachtet und sie aus seinen Texten tilgt.

- Falsche Bezüge innerhalb eines Satz:

**Beispiel A:**

*„Je motivierter und besser die Noten der Schülerinnen und Schüler, desto zuversichtlicher blicken sie dem neuen Schuljahr entgegen.*

Schulnoten können nicht motiviert sein, Schülerinnen und Schüler hingegen schon. Zudem können sie sich auch auf das nächste Schuljahr freuen, was Noten hingegen nicht können. Korrekt wäre also zu schreiben: „Je motivierter die Schülerinnen und Schüler, desto besser fielen ihre Noten aus. Und dem neuen Schuljahr blicken sie zuversichtlich entgegen." Denkbar wäre aber auch: „Je besser die Noten der Schülerinnen und Schüler und je motivierter ihre Arbeitsweise, desto zuversichtlicher ihr Blick auf das neue Schuljahr." Oder aber auch diese Variante: „Je zuversichtlicher die Schülerinnen und Schüler auf das kommende Schuljahr blicken, desto motivierter ihre Arbeitsweise. Ihre Noten fielen besser aus."

**Beispiel B:**

*„Zu diesen Ergebnissen kam die vom Senat beauftragte repräsentative Studie ‚Sportstadt Berlin'."*

Man ahnt natürlich, was der Autor sagen möchte. Trotzdem handelt es sich um einen falschen Bezug: Eine Studie kann nicht beauftragt werden (um was genau zu tun?). Eine Studie kann nur in Auftrag gegeben werden (zum Beispiel von einem Senat).

**Beispiel C:**

*„Der Schriftsteller aus Berlin, wo sich durch seine Publikationen bereits in den späten zwanziger Jahren einen Namen machte, schrieb auch unter diversen Pseudonymen."*

Hier werden Subjekt und Ort durcheinandergebracht. In Berlin, wo sich der Schriftsteller einen Namen machte, ist der oben gewählte Bezug heute genauso falsch wie damals. Ganz sicher wusste das auch der Berliner Schriftsteller, der bereits in den späten zwanziger Jahren erfolgreich publizierte.

Die kleinen Beispiele zeigen: falsche Bezüge stören. Sie lösen immer Irritationen aus.

- Falsche Wortwahl

Was banal klingt, ist in der Praxis unwahrscheinlich häufig anzutreffen. Bei der falschen Wortwahl macht die Dosis das Gift. Für sich genommen scheint jeder einzelne Fehler nicht allzu gravierend, schließlich handelt es sich ja „nur" um ein einzelnes Wort. In der Summe schwächen sie jeden Text enorm.

**Beispiel:**

*„Der Referent erklärte den Studierenden die wesentlichen Zusammenhänge und Grundsätze der Arbeitsmarktreform."*

Hier ist das Verb falsch. Der Referent gibt keine Erklärung ab. Erklärungen werden fast ausschließlich beim Finanzamt abgegeben. Außerdem werden noch Kriege erklärt, aber auch davon ist in unserem Beispiel der Referent weit entfernt. Es muss ein treffendes Verb benutzt werden. Der Referent könnte wahlweise erläutern, beschreiben oder analysieren, darlegen oder entfalten, wenn es unbedingt sprachbildlich sein muss. Und vielleicht hat der Referent ja tatsächlich Karten oder Schaubilder während seines Referates eingesetzt.

Vor allem bei Synonymen ist Vorsicht geboten ist. Am Beispiel lässt sich das Prinzip verdeutlichen. Geschrieben wurde von einem „Referent". Handelte es sich dabei um einen Professor oder um einen Kommilitonen oder um einen Gastredner? Jedenfalls sprach diese Person, so sagt es der Satz, vor „Studierenden". Waren es zwölf oder zweitausend? Und „die wesentlichen Zusammenhänge und Grundsätze der Arbeitsmarktreform" bleiben unkonkret, hülsenhaft und für sich genommen nichts sagend. Damit können Kürzungen der gesetzlichen betrieblichen Sozialleistungen für Beschäftigte genau so gemeint sein wie die Erhöhung der gesetzlichen Lohnfortzahlung im Krankheitsfall.

So kleinteilig betrachtet, ließe sich jeder Einzelsatz auseinandernehmen. Das führt natürlich nicht zu einem guten Schreibstil, der immer auch Offenheit und freies Assoziieren umfasst. Von daher: Verbeiße Dich nicht bei der Jagd nach falschen Wörtern. Mache es Dir aber zur Angewohnheit nach ihnen Ausschau zu halten und achtsam mit ihnen umzugehen.

Die große Schwester der falschen Wortwahl ist die Wahl falscher Sprachbilder und abgedroschener Metaphern. Sie schlagen deutlich herber zu Buche, können auf den Zeiger gehen und passen nur selten wie Arsch auf Eimer. Phrasenhaft – also nichts sagend – sind sie in den meisten Fällen. Sie sprengen den Rahmen und sorgen sprachlich für Aufsehen, wo Forschungserkenntnisse Beachtung finden sollten. Die Inhalte kommen vom Kurs ab und beweisen dem Prüfer, dass der Autor seinen Kompass verloren hat. Sprachbilder sollten die absolute Ausnahme sein.

- Satzlänge

Dass die Anzahl der Wörter, die ein einzelner Satz umfasst, sich unmittelbar auf die Lesbarkeit auswirkt, die möglichst günstig zu gestalten ist, damit die Konzentration des Prüfers nicht bereits mit dem Entziffern der einzelnen Satzteile über Gebühr belastet wird, ist hinlänglich bekannt und dennoch machen viele Studierende in ihren Texten häufig den Fehler, zu lange Sätze zu schreiben, anstatt sich kurz zu fassen an Stellen, an denen man sich kurz fassen könnte, was oft in verschachtelten Satzteilen zum Ausdruck kommt.

Dieser Satz umfasst 81 Wörter. Er ist eindeutig zu lang, zumal es keine inhaltliche Rechtfertigung für diese Länge gibt. Er liest sich ausschweifend und kompliziert, obwohl der Inhalt ganz simpel ist. In diesem Missverhältnis liegt der Kern der meisten Fehler rund um das Thema Satzlänge.

Schreibe so kurz wie möglich, aber so lang wie nötig.

- Wortstellung

Subjekt-Prädikat-Objekt – das ist einfach zu verstehen und ergibt Sinn für einen klaren Satzaufbau. Im Zweifel sollte sich immer für diese Reihenfolge entschieden werden.

**Beispiel A:**

*Die Arbeit der Studierenden bewertet der Professor deutlich besser als noch im Semester zuvor.*

Nicht die Arbeit der Studierenden kann Bewertungen vornehmen. Dies kann nur der Professor. Korrekt muss es daher lauten:

*Der Professor bewertet die Arbeit der Studierenden deutlich besser als noch im Semester zuvor.*

**Beispiel B:**

*Die Wirtschaftsleistung hat Italien im vergangenen Jahr verbessert.*

Falsch. Das Land (Italien) hat seine Wirtschaftsleistung verbessern können, nicht umgekehrt. Korrekt muss es daher heißen:

*Italien hat seine Wirtschaftsleistung im vergangenen Jahr verbessert.*

**Beachte:** Anders als in den beiden Beispielen sind Abweichungen vom Subjekt-Prädikat-Objekt-Aufbau selbstverständlich nicht immer rundheraus falsch. Wie stumpf würde ein langer Text wirken, der sich Satz für Satz ausschließlich gleich aufbaut. Als

Stilmittel und um Betonungen vorzunehmen, sind Abweichungen vom Subjekt-Prädikat-Objekt-Aufbau nicht rundheraus falsch und können im Kontext betrachtet einen Text lebendiger machen. Allerdings ist Vorsicht geboten, dass die getroffenen Aussagen inhaltlich korrekt bleiben.

- Nominalstil

Die Verwendung einer hohen Anzahl von Substantiven (Nomen) in einem Satz kann zur Verursachung der Kritik führen, eine Abhandlung im Nominalstil dem Prüfer zur Prüfung in Einreichung gebracht zu haben. Der Satz, den Du gerade gelesen hast, besteht aus 30 Wörtern, 12 davon sind Nomen.

Solche Sätze sind schwer lesbar, sperrig und fehleranfällig. Sie sind zwar nicht per se falsch, immer jedoch sprachlich schlecht. Gerade Substantivierungen wie „Verwendung", „Verursachung" und „Einreichung" mindern den Lesefluss, insbesondere dann, wenn sie in einem Text gehäuft auftauchen.

Also Vorsicht mit Nomen. Benutze aktive Verben und wenig Passiv-Konstruktionen. Denn letztlich ist es so: Wenn Du viele Substantive (Nomen) in einem Satz benutzt, riskierst Du, dass Dein Prüfer bemängelt, Dein

Text sei im Nominalstil verfasst. Dieser Satz besteht aus 21 Wörtern, 6 davon sind Nomen. Schon gleich besser oder?

- (Falsche) Fremdwörter und (falsche) Fachwörter

Zu unterscheiden ist zwischen Fachbegriffen und Fremdwörtern. Das Vokabular des eigenen Faches zu beherrschen – und dies in den Arbeiten auch zu zeigen – ist selbstverständlich nicht falsch. Vielmehr beweist es, dass Du in der Lage bist, Deine fachspezifische Sprache zu verwenden. Dies allerdings auch nur insofern, als Du es souverän tust und weißt, was genau mit den Fachbegriffen jeweils gemeint ist und wie sie im akademischen Raum verwandt werden.

Ganz ähnlich ist es mit Fremdwörtern. Auch sie sollten nur dann benutzt werden, wenn man mit ihnen einen Inhalt präziser darstellen kann (und man genau weiß, was das Fremdwort bedeutet). Kommen sie jedoch über Gebühr zum Einsatz, soll damit gar eine vermeintliche Wissenschaftlichkeit suggeriert werden, die inhaltlich nicht gedeckt ist, mindert es die Qualität des Textes.

**Beispiel A:**

*„Im Rahmen einer akademischen Exegese wurde eine kritische Analyse der intertextuellen Bezüge in der postmodernen Literatur durchgeführt, wobei die Methode der Dekonstruktion als hermeneutischer Ansatz verwendet wurde."*

**Beispiel B:**

*„Das Postulat einer vollständigen Interdisziplinarität in der akademischen Sphäre impliziert eine prägnante Synergie zwischen diversen Fachdisziplinen und erfordert eine umfassende Transzendenz von epistemologischen Grenzen."*

Die beiden Beispiele zeigen, dass der Unterscheidung zwischen Fremdwörtern und Fachbegriffen oft nicht trennscharf vorgenommen werden kann. Wenn Du ähnliche Begriffe benutzt, kannst Du anhand von zwei Fragen einfach prüfen, ob es sinnvoll ist, sie zu verwenden. Frage Dich erstens, könntest Du den Begriff auf Nachfrage aus dem Stegreif erläutern? Und zweitens, würde Dein Text durch ein anderes Wort, das kein Fachwort und kein Fremdwort ist, an inhaltlicher Präzision verlieren? Wenn Du beide Fragen bejahst, stärken Fachwörter und Fremdwörter Deine Texte. Im Zweifel verzichtest Du aber besser auf sie.

- Redundanzen

Obwohl es eigentlich unnötig und überflüssig ist, aufgrund dessen, dass es bereits ausreichend klar und deutlich kommuniziert wurde und somit keinerlei Missverständnisse oder Verwirrungen aufkommen können, möchte der Verfasser dieses Buches hiermit ausdrücklich betonen und hervorheben, dass er sich ganz ausdrücklich und explizit dazu bereit und in der Lage fühlt, zum Thema „Redundanzen" vollständig und vollumfänglich zu berichten und dabei größte Sorgfalt und Aufmerksamkeit walten zu lassen. Um einige Zeilen über den Fehler, den Redundanzen verursachen, zu schreiben, muss man sich etwas Zeit nehmen und genau überlegen, welche Wörter und welche Beschreibungen zu benutzen sind, um sicherzustellen, dass dieser Absatz auch möglichst viele Wiederholungen und Redundanzen enthält, welche sich wiederholen und wiederholen, um dadurch eine Art von Stil und Form zu erzeugen, die zwar keine inhaltliche Qualität aufweist, aber es dennoch vermag, auf eine gewisse Art und Weise eine bestimmte Ausdruckskraft zu vermitteln, welche es dem Leser ermöglicht, den Satz aufgrund seiner Länge und Wiederholungen als etwas vermeintlich Besonderes zu betrachten und dabei möglicherweise sogar den Sinn des Satzes aus den

Augen zu verlieren. Dies ist nämlich oftmals (ein) Ziel redundanter Sprache: etwas zu verschleiern.

Das Gegenteil davon ist beim wissenschaftlichen Schreiben gefragt: Klarheit, keine Nebelkerzen. Redundanzen – ob absichtlich eingesetzt oder versehentlich produziert – sorgen immer für Unverständlichkeit und schwächen den Text. Daher sind Füllwörter, Wiederholungen, erklärendes Ausholen und Umschweife zu streichen.

- Sperrungen und Schachteln

Die Lektüre erschwert, wer lange Sätze formuliert, deren Bestandteile verschachtelt und verschoben sind.

**Beispiel:**

*„Es ist unmöglich, angesichts der schwindelerregenden Komplexität und Vielfalt menschlicher Erfahrungen sowie der unvorstellbaren Weite des Universums und der unzähligen Geheimnisse, die es birgt, eine definitive Aussage darüber zu treffen, was die Zukunft bringen wird, jedoch lässt sich sagen, dass das Streben nach Wissen und Fortschritt, die Suche nach Liebe und Verbundenheit und die Bewahrung*

*unseres Planeten und seiner Ressourcen zu den wichtigsten Herausforderungen gehören, denen sich die Menschheit in den kommenden Jahrzehnten stellen wird."*

Solche Sätze müssen strukturiert werden. Streichen und neu schreiben ist in den allermeisten Fällen das beste Mittel der Wahl, was den positiven Effekt hat, dass der neue Text kürzer und präziser wird. In diesem Beispiel:

*Die Welt ist komplex. Es ist unmöglich zu sagen, was die Zukunft bringt. Dennoch dürften sich aus gegenwärtiger Sicht drei zentrale Problemfelder für die Menschheit in den kommenden Jahrzehnten ergeben. Erstens, das Streben nach Wissen und Fortschritt. Zweitens, die Suche nach Liebe und Verbundenheit. Und drittens, die Bewahrung unseres Planeten und seiner Ressourcen.*

Mag sein, dass auch diese Version nicht vollends überzeugend ist, deutlich angenehmer zu lesen ist sie allemal. So strukturiert und formuliert, fällt dann auch auf, dass der Inhalt oberflächlich ist. Klares unverstelltes Schreiben ermöglicht einen solch freien Blick auf die Inhalte.

**Gegenmittel:** Um Deine Fehler im Bereich Ausdruck, Sprache und Stil kurzfristig abzustellen, führt kein Weg an einem guten Lektorat vorbei. Wenn Du eine schnelle Lösung benötigst, gebe Deine Arbeit einem professionellen Lektor und vergegenwärtige Dir anschließend, aus welchen Gründen welche Passagen lektoriert worden sind. Langfristig musst Du lernen, Texte anders zu lesen als bisher, nicht nur Deine eigenen, sondern alle. Wenn Du gelungene Texte liest, finde heraus, warum sie sprachlich gelungen sind. Guten Stil darf man – ganz im Gegensatz zu den Inhalten – kopieren, imitieren und neu interpretieren. Wenn Du einen schlechten Text liest, lese ihn Satz für Satz und Absatz für Absatz genau und finde heraus, welche Fehler bei Ausdruck, Sprache und Stil dem schlechten Text zugrunde liegen. Analytisches Lesen macht Dich zu einem besseren Schreiber.

## Fehler 3: Deinen Text durchzieht keinen roten Faden (Aufbau und Struktur)

Der Aufbau Deines Textes muss schlüssig sein, die Argumente sortiert, das Vorgehen strukturiert. Alle Inhalte, die im Text ausgeführt werden, unterwerfen sich allein Deiner Forschungsfrage. Anders ausgedrückt: Nichts findet Eingang in den Text, nur weil es gut klingt, Eindruck machen könnte, weil man meint, dass es irgendwie dazugehören könnte oder weil man es „ganz spannend" findet.

Wer dies nicht beachtet, verliert den roten Faden. Die Arbeiten lesen sich dann häufig wie montierte Texteinzelteile. Sie mögen für sich genommen durchaus gelungen sein, das ist aber unerheblich für die Beurteilung. Leisten die einzelnen Kapitel, Absätze und Abschnitte keinen Beitrag auf dem Weg zur Beantwortung Deiner Forschungsfrage, haben sie nichts im Text verloren und sind zu streichen. Tauchen solche Passagen dennoch auf, hat Dein Text seinen roten Faden verloren und wird entsprechend schlechter bewertet.

Schreiben bedeutet auswählen, strukturieren und ordnen. Texte ohne roten Faden haben das unzureichend getan. Häufig ist die Gliederung unpassend und/oder falsch gewichtet. Wer beispielsweise fünf Seiten über die methodische Herangehensweise schreibt und im Anschluss daran nur eine Seite von seinen (mit den zuvor beschriebenen Methoden erhobenen) eigenen Forschungsergebnissen berichtet, hat einen unausgewogenen, nicht stimmigen Text verfasst, es sei denn, es gibt eine sehr gute inhaltliche Begründung dafür.

**Gegenmittel:** Es braucht kein betreutes Lesen. Ein roter Faden entsteht nicht dadurch, dass man als Autor dem Leser im Text Anleitungen und Begründungen dafür gibt, weshalb und warum etwas geschrieben wurde. Du musst lernen, verschiedene Perspektiven auf Deinen Text einnehmen zu können. Wenn es um Aufbau und Struktur Deines Textes geht bist Du in der Halbdistanz. Nicht Sätze oder gar Wörter betrachtest Du, sondern Abschnitte, Passagen und Kapitel. Welche Inhalte, Themen und Fragen werfen sie auf (und beantworten sie), fragst Du Dich im ersten Schritt. Im zweiten Schritt prüfst Du, an welcher Stelle Deiner Arbeit sie am meisten Sinn ergeben, um die übergeordnete Forschungsfrage bestmöglich zu beantworten bzw. um Erkenntnisse zu liefern auf dem Weg der Beantwortung. In meinem Buch „Wissenschaftliches Arbeiten. Eine gute Studie erfolgreich verfassen in nur sieben Tagen" gebe ich Dir dafür am Beispiel des Verfassens einer Hausarbeit die „Überschriften-Technik" an die Hand, die fächerübergreifend anwendbar ist und prinzipiell auf jede Textsorte übertragen werden kann. Merke Dir, Struktur und Aufbau stechen im Zweifel immer Stil und Sprache.

Lerne, Texte aus dieser mittleren Distanz zu lesen und zu analysieren. Wenn Du liest, frage Dich, wie hat der

Verfasser die einzelnen Textteile „montiert", so dass sie ein bündiges schlüssiges Ganzes ergibt? Wenn Du schreibst, mache Dir bewusst, in welchem Strukturteil Du schreibst und welche zentralen Teilbotschaften und Informationen Du notierst. Schlechte Lektoren korrigieren Texte lediglich Satz für Satz und Wort für Wort, gute nehmen Aufbau und Textgliederung mit in den Blick und machen Änderungsvorschläge. Insofern stellt das Lektorat die einzige Möglichkeit, Deinen Text kurzfristig zu verbessern. Beachte aber: Ein ausgiebiges Lektorat könnte – anders als das Korrektorat – je nach Umfang der Unterstützung bereits unzulässig sein und gegen die gute wissenschaftliche Praxis verstoßen, da die Eigenständigkeit nicht mehr gegeben sein könnte.

## Fehler 4: Ausdruck, Sprache und Stil sowie Aufbau und Struktur passen nicht zueinander (Form)

Selbst wenn Dein Text für sich genommen keine (oder nur sehr wenige) Fehler aufweist, die unter 2 und 3 genannt worden sind, ist das noch keine Garantie für einen stimmigen Gesamttext, der überzeugt. Vielmehr müssen sich diese beiden Punkte – also Ausdruck, Sprache und Stil einerseits sowie Aufbau und Struktur andererseits – im Einklang miteinander befinden, damit es passt. Sprache und Struktur müssen harmonieren. Es ist ein häufig anzutreffender Fehler, dass dies nicht auf der gesamten Länge des Textes gelingt.

Um es zu verdeutlichen: Wenn Dein Essay stark faktenbezogen, sehr sachlich und nüchtern im Ton, ja eventuell gar im Nominalstil verfasst ist, dann haben wir es mit einem solchen Formfehler zu tun. Wenn Dein Protokoll ausführlich erklärend, abwägend und analytisch geschrieben wurde – anstatt pointiert und bündig –, dann ist das ebenfalls falsch, ganz unabhängig von den Inhalten. Wenn sich Deine Hausarbeit wie ein politischer Kommentar, Dein Aufsatz wie ein Thesenpapier oder Deine Rezension wie ein Fachaufsatz liest, dann leidet die Note zwangsläufig.

Diese Unstimmigkeiten können auch innerhalb einer Arbeit vorliegen, innerhalb einzelner Kapitel oder Textteile. Beispielsweise wenn in der Einleitung einer Hausarbeit der Ton entschieden, entschlossen und faktisch ausfällt anstatt eher offen, fragend, ja tastend. Auch wenn das Fazit einer Hausarbeit stark abwägend, ja unentschieden verfasst ist und keine Ergebnisse präsentiert werden, verfehlt es sein Ziel.

**Gegenmittel:** Was ist das Ziel des Textes? Wer ist der Adressat? Was soll der Text bezwecken? Wenn Sprache und Struktur auseinanderklaffen, also keine gemeinsame Form bilden, liegt es oft daran, dass der Verfasser Fragen wie diese nicht beantworten kann. So entstehen Unstimmigkeiten, die jeden Text schwächen. Mache Dir klar, welche spezifischen Voraussetzungen der von Dir zu schreibende Text an Dich stellt, welche Sprache und welchen Stil er einfordert, welcher Aufbau und welche Struktur notwendig ist. Auch wenn bei den einzelnen Textsorten die Übergänge fließend und nicht statisch sind, gibt es Unterschiede, die nachvollzogen, gelernt und eingeübt werden können. Lerne an guten Beispielen. Lass Dir von Deinem Dozenten gelungene Aufsätze und Essays vorschlagen. Lese möglichst verschiedene wissenschaftliche Texte Deiner Disziplin. Lese Texte mehrfach und achte dabei bewusst weniger auf den Inhalt als auf Sprache und Stil sowie Aufbau und Struktur, damit Dir die Unterschiede deutlich werden.

Ist Dein Text bereits geschrieben, ist der Aufwand oft erheblich, einen nicht stimmigen Text durch einfache Überarbeitung deutlich zu verbessern. Häufig spart es Zeit, ganze Textteile schlichtweg neu zu schreiben.

## Fehler 5: Dein Text ist schlecht recherchiert (Inhalt)

Mit Geschick, Stil und eleganter Sprache mag man einige inhaltliche Schwächen übertünchen können, verschwinden lassen kann man sie nicht. Der geübte Leser durchschaut Wortgeklingel und entlarvt es rasch. Bevor Sprache, Stil, Aufbau und Struktur in Einklang gebracht werden (können), muss der Inhalt stimmen. Schreiben „aus dem Bauch heraus" und nicht auf der Grundlage von (recherchiertem) Datenmaterial ist sinnlos und wird immer stark negativ bewertet. Das Bemühen, mit pompöser Sprache, vermeintlich komplexen Sätzen oder scheinbar besonders wissenschaftlichem Ausdruck, inhaltliche Mängel überspielen zu wollen, wirkt peinlich. Unabhängig davon, ob es bewusst oder unbewusst passiert, fühlt sich der Leser (und Prüfer) vom Autor getäuscht.

**Gegenmittel:** Vor dem wissenschaftlichen Schreiben muss das korrekte wissenschaftliche Arbeiten erfolgen. Auf gut Glück mit dem Schreiben loszulegen, bringt Dich nicht ans Ziel, ganz im Gegenteil. Planvoll und umfassend musst Du vor dem Verfassen Deines wissenschaftlichen Textes, die Inhalte recherchiert, Deine Daten erhoben und dabei die Regeln des wissenschaftlichen Arbeitens korrekt befolgt haben. Dieses Material bereitest Du anschließend mit einer dem Ziel und dem Inhalt passenden und angemessenen Sprache sowie einer logischen Struktur zu einem Text auf. Merke: Erst muss das inhaltliche Fundament fest sein, ehe sprachlich darauf gebaut werden kann. Diese Arbeit muss eigenständig und ohne fremde Hilfe erfolgen, weil es sich andernfalls um einen schwerwiegenden Verstoß gegen die wissenschaftliche Praxis handelt.

# **RAN AN DIE TEXTE** - alles, was Du wissen musst, damit es funktioniert

Du hast bis hierhin bereits eine Menge erfahren über das wissenschaftliche Schreiben, jetzt aber wird es konkret. Du erhältst ohne Umschweife und alle wichtigen Informationen, die Du brauchst, um Deinen wissenschaftlichen Text – ob Aufsatz, Hausarbeit oder Essay – erfolgreich zu verfassen. Du bekommst ein Nachschlagewerk an die Hand, das Dir bei allen anstehenden Uni-Schreibaufgaben hilft. Insgesamt 12 Textsorten wissenschaftlicher Texte stelle ich Dir nacheinander vor.

Du erfährst...

... was genau die jeweilige Textsorte ausmacht.
... auf welche Punkte Du besonders achten musst.
... wonach Du Deinen Text gliedern kannst.
... welche Formulierungen und Satzanfänge Du nutzen kannst.

Außerdem endet jedes Kapitel mit einer kurzen Checkliste, die es Dir ermöglicht Deinen Text mit den erforderlichen Kriterien abzugleichen.

Liest Du die nächsten Kapitel hintereinander weg, wirst Du sehen, dass es zum Teil Überschneidungen gibt. Sie sind mir bewusst. Sie liegen in der Natur der Sache. Ein wissenschaftlicher Fachaufsatz und eine Analyse beispielsweise haben Ähnlichkeiten, sind gewissermaßen verwandt. Auch ein Kommentar und ein Thesenpapier teilen bestimmte Merkmale. Insofern ist es inhaltlich logisch, dass Doppelungen entstehen können. Dass darunter der Lesefluss leiden könne, nehme ich in Kauf. Wichtiger ist mir, dass Du die folgenden Kapitel auch einzeln lesen kannst – zum Beispiel immer dann, wenn Du im Laufe Deines Studiums eine neue Schreibaufgabe zu meistern hast. Daher habe ich sie so gestaltet, dass sie für sich stehen und Du alle wichtigen Inhalte kompakt und auf wenigen Seiten erhältst.

# Aufsatz und Fachaufsatz

## Aufgabe und Funktion

Ein Aufsatz behandelt immer eine bestimmte Fragestellung oder ein Thema. Die Aufgabe eines Aufsatzes kann je nach Art und Zweck des Textes unterschiedlich sein, aber im Allgemeinen lassen sich folgende Aufgaben identifizieren:

- **Informieren:** Ein Aufsatz kann dazu dienen, dem Leser Informationen zu vermitteln, sei es zur Darstellung von Fakten, zur Erläuterung von Zusammenhängen oder zur Präsentation von Wissen zu einem bestimmten Thema.
- **Analysieren:** Ziel eines Aufsatzes kann auch vorrangig sein, eine Analyse oder Bewertung vorzunehmen. Hierbei können verschiedene Perspektiven eingenommen werden, um das Thema oder die Fragestellung aus unterschiedlichen Blickwinkeln zu betrachten und zu bewerten.
- **Argumentieren:** Ein Aufsatz kann schwerpunktmäßig Argumente für eine bestimmte These oder Position darlegen und verteidigen. Hierbei ist es wichtig, überzeugende Argumente zu präsentieren und diese mit entsprechenden Belegen zu untermauern.

- **Reflektieren:** Ein Aufsatz kann vorrangig eigene Gedanken, Meinungen oder Erfahrungen reflektieren und präsentieren. Hierbei kann der Autor seine persönliche Sichtweise zu einem Thema ausdrücken und begründen.

Zusammengefasst lässt sich sagen, dass ein Aufsatz der Informationsvermittlung, der Reflexion und der evidenzbasierten Meinungsbildung dient. Er stellt Forschungsergebnisse vor, diskutiert Teilresultate und bettet die gewonnen Erkenntnisse in einen größeren wissenschaftlichen Zusammenhang ein. Meistens werden Aufsätze von (angehenden) Experten auf einem bestimmten Fachgebiet verfasst.

Der Aufsatz folgt klassischen wissenschaftlichen Standards und Konventionen. Dies sind beispielsweise:

- **Klare Forschungsfrage oder Hypothese:** Ein Fachaufsatz beginnt oft mit einer präzisen Forschungsfrage oder einer Hypothese, die das Thema und den Zweck der Studie beschreibt.
- **Systematische Literaturrecherche:** Ein Fachaufsatz basiert auf einer gründlichen Literaturrecherche, bei der relevante wissenschaftliche Quellen gesichtet und zitiert werden, um den aktuellen Forschungsstand zu einem Thema darzustellen.

- **Methodische Beschreibung:** Ein Fachaufsatz enthält eine Beschreibung der Methodik, die in der Studie verwendet wurde, um die Forschungsfrage zu beantworten. Sie umfasst Angaben zur Stichprobe, zu den verwendeten Messinstrumenten, zur Datenerhebung, zur statistischen Analyse und zur Auswertungsmethode.
- **Analyse und Interpretation der Daten:** Ein Fachaufsatz analysiert und interpretiert die erhobenen Daten basierend auf wissenschaftlichen Methoden und Theorien. Die Interpretation der Daten sollte im Kontext der vorhandenen Literatur erfolgen.
- **Logische Argumentation und klare Struktur:** Ein Fachaufsatz folgt einer klaren Struktur mit einer Einleitung, einem Methoden-Teil, einer Ergebnispräsentation und einer Diskussion. Die Argumentation muss schlüssig aufgebaut und gut strukturiert sein, um die Forschungsfrage oder Hypothese zu unterstützen.
- **Präzise Sprache:** Ein Fachaufsatz verwendet akademische Sprache, die Fachterminologie und Wissenschaftsjargon einschließen kann. Es werden klare Definitionen von Begriffen und Konzepten bereitgestellt und die Schreibweise ist eher formell.

- **Verwendung von wissenschaftlichen Quellen und Zitaten:** Ein Fachaufsatz greift zurück auf wissenschaftliche Quellen, um die Argu-mentation und Interpretation zu unterstützen. Es werden korrekte und ein-heitliche Zitierweisen verwendet, um die Quellen zu kennzeichnen und Plagiat zu vermeiden.
- **Sachlicher Ton und kritische Reflexion:** Ein Fachaufsatz verwendet einen objektiven Ton, um die Ergebnisse und Interpretationen präsentieren. Es wird auch eine Reflexion über die Grenzen der Studie und mögliche weitere Forschungsrichtungen angestrebt.
- **Peer-Review und Qualitätssicherung:** Ein Fachaufsatz wird oft von Fachkollegen überprüft und unterliegt einem Peer-Review-Prozess, um die Qualität und Glaubwürdigkeit der Studie zu gewährleisten.

## Gliederung

Der Aufbau eines Fachaufsatzes folgt meist einer standardisierten Struktur, die die Argumentation und Präsentation der Forschungsergebnisse nachvollziehbar darstellt. Hier ist ein typischer Aufbau für einen Fachaufsatz:

- **Titel:** Er sollte aussagekräftig sein und das Thema des Aufsatzes widerspiegeln, eher sachlich formuliert.
- **Zusammenfassung (Abstract):** Eine kurze Zusammenfassung des Aufsatzes, die den Leser informiert, worum es in der Arbeit geht, welche Fragestellung untersucht wurde, welche Methoden angewendet und welche Ergebnisse erzielt wurden.
- **Einleitung:** Die Einleitung stellt das Thema und die Fragestellung des Aufsatzes vor, begründet die Relevanz der Forschung und gibt einen Überblick über den theoretischen Rahmen und die Zielsetzung der Arbeit.
- **Literaturüberblick (Literature Review):** In diesem Textabschnitt werden relevante Literatur und bestehende Theorien oder Modelle zu dem Thema vorgestellt und im Hinblick auf den eigenen Aufsatz bewertet. Es werden Forschungslücken identifiziert und der Beitrag herausgestellt, den die eigene Forschungsarbeit leistet.
- **Theoretischer Rahmen:** Hier wird der theoretische Rahmen für die Forschung detailliert dargestellt, einschließlich der Konzepte, Theorien oder Modelle, die für

die Untersuchung relevant sind. Es werden relevante Begriffe definiert und bestehende Forschungsergebnisse dazu diskutiert.

- **Methoden:** In diesem Abschnitt werden die angewendeten Methoden zur Datenerhebung und -analyse ausführlich beschrieben. Es werden Informationen über die Stichprobe, die Datenerhebungsinstrumente, den Untersuchungsablauf und die statistischen oder qualitativen Analyseverfahren bereitgestellt.
- **Ergebnisse:** Hier werden die Ergebnisse der Untersuchung präsentiert. Es werden Fakten, Daten und Ergebnisse dargestellt, die auf die Fragestellung und die Hypothesen der Forschung antworten. Grafiken, Tabellen oder andere visuelle Darstellungen können verwendet werden, um die Ergebnisse zu veranschaulichen.
- **Diskussion:** In der Diskussion werden die Ergebnisse interpretiert und im Kontext der vorhandenen Literatur und Theorien diskutiert. Es werden die Implikationen der Ergebnisse erörtert, Einschränkungen der Studie aufgezeigt und mögliche zukünftige Forschungsrichtungen vorgeschlagen.
- **Fazit:** Im Fazit werden die wichtigsten Erkenntnisse der Arbeit zusammengefasst

und die Forschungsfrage beantwortet. Es wird betont, wie die Arbeit zur vorhandenen Forschung beiträgt und welche Schlussfolgerungen gezogen werden können.

- **Literaturverzeichnis:** Hier werden alle in der Arbeit zitierten und referenzierten Quellen in einem standardisierten Format aufgeführt.
- **Anhang (optional):** Hier können zusätzliche Materialien wie Fragebögen, Interviewtranskripte oder andere unterstützende Informationen angefügt werden.

## Formulierungen und Satzanfänge

Fachaufsätze zeichnen sich durch eine sachliche Sprache aus. Hier sind einige typische Formulierungen, die in Fachaufsätzen verwendet werden können:

- „Gemäß der Literatur..."
- „Gemäß früheren Studien..."
- „Es wird vermutet, dass..."
- „Es wird angenommen, dass..."
- „Die Ergebnisse legen nahe, dass..."
- „Es wurde festgestellt, dass..."
- „Es ist zu beachten, dass..."
- „Es sollte berücksichtigt werden, dass..."
- „Es gibt jedoch Einschränkungen dieser Studie..."

- „Es ist anzumerken, dass..."
- „Weitere Forschung ist erforderlich, um..."
- „Zukünftige Studien könnten untersuchen, ob..."
- „Es wurde eine signifikante Korrelation gefunden..."
- „Die Daten zeigen eine statistisch signifikante Differenz zwischen..."
- „Es wird angenommen, dass diese Ergebnisse aufgrund von..."
- „Es wird vermutet, dass diese Zusammenhänge aufgrund von..."
- „Die vorliegende Studie trägt zur aktuellen Forschung bei, indem sie..."
- „Die Ergebnisse dieser Arbeit tragen zum Verständnis von..."

Darüber hinaus sind typische Formulierungen und Satzanfänge eines Fachaufsatzes:

- „Die vorliegende Studie untersucht..."
- „Im Rahmen dieser Arbeit wird der Einfluss von..."
- „Eine umfassende Analyse von... steht im Fokus dieser Untersuchung."
- „In diesem Artikel wird die Bedeutung von... für..."

- „Es wird diskutiert, ob..."
- „Die vorliegende Arbeit gibt einen Überblick über..."
- „Ein zentrales Thema dieser Studie ist..."
- „Der Schwerpunkt dieser Forschungsarbeit liegt auf..."
- „In dieser Studie wird ein neuer Ansatz zur..."
- „Die Zielsetzung dieser Arbeit besteht darin,..."
- „In dieser Studie wird untersucht, ob..."
- „Das Ziel dieser Arbeit ist es, zu analysieren, wie..."
- „Ein wichtiger Aspekt in der Erforschung von... ist..."
- „Die vorliegende Arbeit beschäftigt sich mit der Fragestellung, ob..."
- „Die Grundlage für diese Untersuchung bildet..."
- „In der vorliegenden Studie wird ein umfassender Ansatz zur Untersuchung von... präsentiert."
- „Eine umfassende Literaturübersicht zeigt, dass..."
- „Die vorliegende Arbeit trägt zur aktuellen Diskussion über... bei, indem..."
- „Im Fokus dieser Forschungsarbeit steht die Analyse von..."

- „Die vorliegende Studie untersucht die Auswirkungen von... auf..."

## Checkliste

Beim Schreiben eines wissenschaftlichen Fachaufsatzes musst Du folgende Punkte beachten.

- Klar definiertes Thema: **Hast Du Dein Thema präzise formuliert?** Es sollte einen eindeutigen Fokus haben und die Forschungsfrage oder das Ziel der Arbeit sollte unverkennbar sein.
- Strukturierte Gliederung: **Ist Dein Aufsatz durchdacht und logisch gegliedert?** Eine klare Struktur hilft dabei, den Text übersichtlich und die Argumentation nachvollziehbar zu gestalten.
- Gute Literaturrecherche: **Hast Du den aktuellen Stand des Wissens zu Deinem Thema erfasst?** Zitiere relevante und aktuelle Quellen, um die Glaubwürdigkeit und Validität Deiner Arbeit zu stärken.
- Kritische Auswertung: **Leistest Du eine Analyse der vorhandenen Literatur und/oder Daten, um etwaige Lücken zu identifizieren und Dein eigenes Forschungsgebiet zu positionieren?** Zeige auf, wie und was Deine Arbeit zur

bestehenden Forschungsliteratur beiträgt, inwiefern es anschlussfähig ist.

- Methodische Nachvollziehbarkeit: **Schreibst Du klar, aus welchen Gründen Du Dich für welche Methode(n) entschieden hast?** Andere Forscher sollten in der Lage sein, Deine Arbeit zu replizieren oder die Ergebnisse zu überprüfen.
- Datenpräsentation: **Stellst Du Deine Ergebnisse auf eine klare und verständliche Weise dar?** Verwende geeignete Abbildungen, Tabellen oder Grafiken, um Deine Daten zu visualisieren und zu unterstützen, wenn dies einen inhaltlichen Mehrwert liefert.
- **Reflektierst Du Deine Ergebnisse und diskutierst die möglichen Unsicherheiten Deiner Forschung?** Zeigst Du auf, welche Bedeutung Deine Ergebnisse im Kontext deines Forschungsbereiches im Allgemeinen haben und wie sie zur Lösung Ihrer Forschungsfrage im Besonderen beitragen?
- Schreibstil: **Formulierst Du präzise und dem Ziel Deines Textes angemessen?** Vermeide umgangssprachliche Ausdrücke oder emotionale Wertungen.
- Formales: **Stimmen Formatierung und Zitierweise?**

- Hast Du eine gründliche Prüfung auf Fehler in Grammatik, Rechtschreibung und Formatierung durchgeführt?

# Der Essay

## Aufgabe und Funktion

Der Essay ist eine Mischform. Er unterscheidet sich von anderen Textsorten vor allem dadurch, dass er weniger formal, also vergleichsweise freier ausfällt, in seiner Anlage sehr offen ist. Du verfügst beim Schreiben eines Essays über reichlich Spielraum bei der Gestaltung, wobei Du natürlich die Gepflogenheiten Deines Faches zu berücksichtigen hast. Das macht den Essay einerseits reizvoll, auf recht ungebundene Weise wissenschaftliche Forschungsfragen zu diskutieren und zu präsentieren. Man kann sich gewissermaßen formulierend vortasten. Andererseits stellt genau das eine durchaus anspruchsvolle Herausforderung dar.

Die Kernelemente des Essays sind:

- **Analyse und Interpretation von wissenschaftlichen Themen:** Ein Essay erfordert eine eingehende Untersuchung und Ausdeutung des Themas. Dies kann bedeuten, dass man vorhandene wissenschaftliche Literatur untersucht, Daten oder Theorien analysiert, um zu einem fundierten Standpunkt zu gelangen.

- **Beurteilung:** Ein Essay erfordert oft eine eingehende Reflexion des Themas. Dies bedeutet, dass der Autor verschiedene Ergebnisse und Perspektiven berücksichtigt und einen eigenen Standpunkt entwickelt. Es ist wichtig, dass der Essay auf einer soliden wissenschaftlichen Grundlage basiert – nicht bloß Meinung – und die Darstellung des Autors durch abwägende Argumentation und Evidenz unterstützt wird.
- **Präsentation von Ergebnissen:** Ein Essay sollte ausgewogen geschrieben sein und die Ergebnisse der Analyse und Interpretation abwägend präsentieren. Es gibt vergleichsweise viel Freiraum für den eigenen Stil.
- **Stil:** Anders als bei einem Fachaufsatz sollte der Schreibstil in einem Essay etwas beschreibender, assoziativer, auch fragender ausfallen. Der Leser des Essays sollte bei der Lektüre des Textes den Denkprozess des Autors nachvollziehen können und nicht „nur" Fakten und Ergebnisse präsentiert bekommen.

- **Beitrag zur wissenschaftlichen Diskussion:** Ein Essay sollte einen Beitrag zur Diskussion leisten, indem er (neue) Erkenntnisse, Einsichten oder Perspektiven auf ein bestimmtes Thema bietet. Dies kann bedeuten, dass vorhandene Theorien und Konzepte hinterfragt oder neue Ideen und Hypothesen entwickelt werden – selbstverständlich unter Berücksichtigung der Regeln wissenschaftlicher Zitierweisen und Quellenbelege.

## Gliederung

Ein Essay kann je nach Art und Zweck unterschiedlich gegliedert sein, fließende Übergänge und Einschübe beinhalten. Typischerweise folgt er einer grundlegenden Struktur, die aus drei Hauptteilen besteht:

- **Einleitung:** Die Einleitung ist der erste Abschnitt des Essays und dient dazu, in das Thema einzuführen, das Interesse des Lesers zu wecken und den Kontext des Essays zu erläutern. Sie sollte prägnant formuliert sein, eine These, Fragestellung, Beobachtung und Gedanken enthalten, der im weiteren Verlauf des Essays behandelt werden.

- **Hauptteil:** Der Hauptteil des Essays ist der längste Teil und enthält die ausführliche Darstellung der Argumente, Ideen oder Standpunkte des Autors. Hier werden die Hauptpunkte entwickelt und mit Beispielen aus Quellen oder Forschung unterstützt.
- **Schluss:** Die Schlussfolgerung ist der letzte Teil des Essays und fasst die wichtigsten Ergebnisse oder Erkenntnisse des Essays nicht zur zusammen, sondern entwickelt auch Gedanken, die über das Thema hinausreichen. Sie kann und sollte also eine Kritik oder eine Schlussbetrachtung enthalten, die Anschlussfragen entwirft, die sich aus Deinem Essay entwickeln lassen.

Es ist wichtig zu beachten, dass dies eine allgemeine Struktur für Essays ist und je nach Art des Essays oder den Anforderungen der spezifischen Aufgabe variieren kann. Einige Essays können auch zusätzliche Abschnitte wie eine Literaturübersicht, eine Methodik oder eine Diskussion enthalten, abhängig von den Anforderungen des Themas oder des Fachgebiets.

## Formulierungen und Satzanfänge

Gute Essays zeichnen sich durch eine klare Struktur, eine präzise Argumentation und eine überzeugende Ausdrucksweise aus. Hier sind einige Satzanfänge, die verwendet werden können.

Einleitung:

- „In dieser Arbeit wird untersucht, ..."
- „Das Ziel dieser Studie ist es, ..."
- „Die vorliegende Arbeit befasst sich mit ..."
- „Ein wichtiger Aspekt in der Forschung ist ..."
- „In dieser Arbeit wird untersucht, ob/wie/warum..."
- „Das Ziel dieser Studie ist es, zu analysieren/untersuchen/evaluieren..."
- „Es gibt eine Vielzahl von Ansätzen, um das Thema XY zu betrachten, darunter..."
- „Die vorliegende Arbeit setzt sich mit der Frage auseinander, ob/wie/inwieweit..."
- „Das Thema dieses Essays ist von besonderem Interesse, weil..."
- „Ein bedeutendes Problem, das in der Literatur oft diskutiert wird, ist..."
- „Die Relevanz dieses Themas liegt in der Tatsache, dass..."

- „Die Bedeutung von (Thema) für (Fachgebiet) wird oft unterschätzt/übersehen, jedoch..."

Literaturübersicht:

- „Bisherige Studien haben gezeigt, dass ..."
- „Die Literatur legt nahe, dass ..."
- „Forschungsergebnisse deuten darauf hin, dass ..."
- „Verschiedene Autoren haben darauf hingewiesen, dass ..."

Argumentation und Präsentation von Standpunkten:

- „Es ist anzunehmen, dass ..."
- „Ein weiteres Argument dafür ist ..."
- „Es lässt sich ableiten, dass ..."
- „Die vorliegenden Daten unterstützen die Annahme, dass ..."
- „Beispielsweise kann man sehen, dass ..."
- „Es kann argumentiert werden, dass..."
- „Ein wichtiger Aspekt ist..."
- „Eine mögliche Interpretation ist..."
- „Es gibt evidenzbasierte Beweise dafür, dass..."
- „Es lässt sich feststellen, dass..."
- Einführung von Evidenz oder Beispielen:
- „Zum Beispiel..."

- „Eine Studie von XYZ zeigt, dass..."
- „Forscher haben gezeigt, dass..."
- „Statistische Daten belegen, dass..."
- „Nach Smith (Jahr) wird deutlich, dass..."
- „Eine überzeugende Argumentation für/gegen (Thema) ist..."
- „Es ist zu betonen, dass..."
- „Ein zentrales Argument für diese Position ist..."
- „Es gibt mehrere plausible Gründe, die darauf hindeuten, dass..."
- „Ein wichtiger Aspekt, der berücksichtigt werden muss, ist..."
- „Eine Studie von (Autor) hat gezeigt, dass..."
- „Beispielsweise konnte in einer aktuellen Untersuchung nachgewiesen werden, dass..."
- „Eine interessante Erkenntnis aus der Literatur ist, dass..."
- „Es existieren zahlreiche Beispiele, die belegen, dass..."
- „Ein bemerkenswertes Beispiel, das die Argumentation unterstützt, ist..."

Gegenargumentation:

- „Allerdings kann auch argumentiert werden, dass ..."
- „Es gibt jedoch auch Gegenvorschläge, die besagen, dass ..."

- „Kritiker behaupten, dass ..."
- „Es ist zu beachten, dass es auch andere Sichtweisen gibt, wie zum Beispiel ..."

Zusammenfassung oder Schlussfolgerung:

- „In Anbetracht dieser Ergebnisse kann man schließen, dass..."
- „Die vorliegenden Erkenntnisse legen nahe, dass..."
- „Es ist ersichtlich, dass..."
- „Diese Ergebnisse werfen Licht auf..."
- „Zusammenfassend kann festgestellt werden, dass..."
- „Aufgrund der vorliegenden Evidenz lässt sich schlussfolgern, dass..."
- „Es ist deutlich erkennbar, dass..."
- „In Anbetracht der analysierten Argumente kann man den Schluss ziehen, dass..."
- „Es ist unerlässlich, (Thema) weiterhin zu erforschen, um..."

## Checkliste

Achte auf diese Frage beim Schreiben eines Essays:

- Forschungsfrage: **Hast Du eine klare Forschungsfrage oder These formuliert, die den**

Fokus des Essays widerspiegelt?

- Strukturierte Gliederung: **Umfasst Dein Essay Einführung, Hauptteil und Schlussfolgerung adäquat?**
- Evidenzbasierte Argumentation: **Basieren Deine Informationen auf Quellen und Daten, wie zum Beispiel wissenschaftlichen Artikeln, Büchern oder empirischen Daten, die Du belegst?**
- Untersuchung: **Analysierst Du die verschiedenen Perspektiven, Meinungen und Standpunkte zum Thema und präsentierst Sie in einer ausgewogenen, kritischen und gut begründeten Argumentation?**
- **Verwendest einen Schreibstil, der Deine Argumente und Gedanken gut vermittelt?** Vermeide Füllwörter, Umgangssprache und schwammige Formulierungen.
- Quellen: **Gibst Du stets korrekte Quellenverweise an, um die wissenschaftliche Integrität Ihres Essays zu wahren und Plagiate zu vermeiden?**
- **Überprüfe den Essay auf Grammatik- und Rechtschreibfehler.**
- Struktur: **Verwendest Du gut strukturierte Absätze, um Deine Argumente und Gedanken eindeutig zu gliedern und den Lesefluss**

zu verbessern?

- Korrekturen: **Überarbeite und lies Deinen Essay sorgfältig, um Fehler zu tilgen, stilistische Verbesserungen vorzunehmen und die Klarheit Deiner Argumentation zu gewährleisten.**
- Plagiatsprüfung: **Sind alle Quellen korrekt angegeben und stimmen die Zitate?** Führe zusätzlichen ein Plagiate-Scan durch.
- Darstellung, Formatierung und Zitierweise: **Hast Du alle formalen Vorgaben eingehalten?**

# Die Hausarbeit

## Aufgabe und Funktion

Eine Hausarbeit ist eine schriftliche wissenschaftliche Arbeit, die von Studierenden verfasst wird und als Teil ihrer akademischen Ausbildung dient. Meistens entsteht sie im Rahmen eines Seminars oder im Anschluss an eine Vorlesung. Ziel ist es, wissenschaftliches Arbeiten einzuüben und auf das Verfassen der Abschlussarbeit (Bachelor- oder Masterarbeit) hinzuleiten.

Daher stehen folgende Elemente im Mittelpunkt:

- **Vertiefung des Fachwissens:** Eine Hausarbeit dient dazu, das Fachwissen der Studierenden zu vertiefen, indem sie sich intensiv mit einem bestimmten Thema auseinandersetzen und eine fundierte Analyse durchführen.
- **Forschungsfähigkeiten entwickeln:** Das Verfassen einer Hausarbeit erfordert die Entwicklung von Forschungsfähigkeiten, wie die Suche nach relevanten Quellen, die Bewertung ihrer Zuverlässigkeit und die Beurteilung von Literatur.
- **Analytische Auseinandersetzung:** Eine Hausarbeit verlangt eine intensive Behandlung des Themas, das Untersuchen von verschiedenen Perspektiven und Standpunkten sowie das Entwickeln einer eigenen wissenschaftlichen Beurteilung.
- **Schreibkompetenz verbessern:** Eine Hausarbeit bietet die Möglichkeit, die Schreibkompetenz zu verbessern, einschließlich der Fähigkeit, wissenschaftliche Argumente zu formulieren.
- **Selbstständiges Arbeiten:** Eine Hausarbeit erfordert eigenständiges Arbeiten, von der Themenwahl über die Literaturrecherche bis hin zur Strukturierung und dem Abfassen der Arbeit.

- **Präsentation von Ergebnissen:** Eine Hausarbeit ermöglicht es den Studierenden, ihre Ergebnisse und Erkenntnisse in schriftlicher Form zu präsentieren und ihre Arbeit als selbstständige kleine wissenschaftliche Ausarbeitung zur Beurteilung vorzulegen.
- **Bewertung der eigenen Arbeit:** Eine Hausarbeit bietet die Möglichkeit zur Selbstreflexion und zur Selbstbewertung der eigenen Arbeit, um Verbesserungspotenziale zu entdecken und das eigene Schreiben weiter zu entwickeln.
- **Prüfungsleistung:** In vielen Fällen ist eine Hausarbeit Teil einer Prüfungsleistung, trägt zur Bewertung und Beurteilung der Studierenden bei.
- **Beitrag zur wissenschaftlichen Diskussion:** Eine Hausarbeit kann auch dazu dienen, einen eigenen Beitrag zur wissenschaftlichen Diskussion und Forschung auf einem bestimmten Gebiet zu leisten.
- **Vorbereitung auf weiterführende Arbeiten:** Eine Hausarbeit bereitet auf weiterführende Arbeiten vor, indem sie den Studierenden Erfahrungen im wissenschaftlichen Arbeiten vermittelt.

## Gliederung

Eine Hausarbeit ist eine Textsorte die sich durch bestimmte Merkmale auszeichnet, die weit festgelegter sind als beispielsweise ein Essay. Eine Hausarbeit, auch als Seminararbeit oder Studienarbeit bezeichnet, ist weniger umfangreich als eine Thesis und besteht normalerweise aus den folgenden Hauptteilen:

- **Titelseite:** Hier werden der Titel der Arbeit, der Name des Verfassers, das Fach bzw. das Seminar, der Name des Dozenten bzw. der Dozentin sowie das Abgabedatum angegeben.
- **Inhaltsverzeichnis:** Eine Liste aller Kapitel und Unterkapitel, die in der Arbeit enthalten sind mit entsprechenden Seitenzahlen.
- **Einleitung:** Eine Einleitung, in der das Thema der Arbeit vorgestellt und seine Relevanz erläutert wird. Es werden die Forschungsfrage(n) oder das Ziel der Arbeit formuliert und der Kontext der Arbeit dargestellt.
- **Theoretischer Hintergrund:** Eine Darstellung der relevanten Theorien, Konzepte, Begrifflichkeiten, Modelle oder Literatur, die für das Verständnis des Themas und der Forschungs-

frage notwendig ist. Hier werden theoretische Grundlagen erläutert und Zusammenhänge hergestellt.

- **Methodik:** Eine Beschreibung der Vorgehensweise, die in der Arbeit verwendet wurde, um die Forschungsfrage(n) zu beantworten oder das Problem zu lösen. Es werden die angewandten Methoden, die Datenerhebung, die Stichprobe, die Instrumente zur Auswertung oder andere relevante methodische Aspekte erläutert.
- **Ergebnisse:** Eine Darstellung der Ergebnisse der eigenen Forschung oder Untersuchung. Es werden die Daten, die Analyseergebnisse, die Statistiken oder andere relevante Ergebnisse dargestellt.
- **Diskussion:** Eine kritische Diskussion der Erkenntnisse in Bezug auf die Forschungsfrage und den theoretischen Hintergrund. Es werden die Ergebnisse interpretiert, in den Kontext der Literatur gestellt, Stärken und Schwächen der Arbeit diskutiert und mögliche Folgen oder zukünftige Forschungsrichtungen aufgezeigt.
- **Schlussfolgerungen:** Eine Zusammenfassung der wichtigsten Erkenntnisse der Arbeit und eine Antwort auf die Forschungsfrage. Die Ergebnisse werden prägnant dargestellt und

ihre Bedeutung darüber hinaus herausgearbeitet.

- **Literaturverzeichnis:** Eine vollständige Liste aller verwendeten Quellen, die nach bestimmten Zitierregeln und Zitierstilen formatiert wird.
- **Anhänge:** Zusätzliche Materialien wie Tabellen, Grafiken, Abbildungen, Interviewtranskripte oder andere ergänzende Informationen, die für das Verständnis der Arbeit relevant sein können.

## Formulierungen und Satzanfänge

- „Gemäß der Literatur..."
- „Eine zentrale Fragestellung dieser Arbeit ist..."
- „In Anlehnung an frühere Studien..."
- „Es wird argumentiert, dass..."
- „Eine relevante Theorie in diesem Zusammenhang ist..."
- „Es lässt sich feststellen, dass..."
- „Im Hinblick auf die Forschungsfrage kann man sagen..."
- „Ein wichtiger Aspekt, der berücksichtigt werden sollte, ist..."
- „Es ist anzumerken, dass..."

- „Zusammenfassend kann gesagt werden, dass..."
- „Gemäß (Autor/in) ist/ sind..."
- „Es wird angenommen, dass..."
- „Eine gängige Auffassung ist, dass..."
- „Eine kontroverse Diskussion besteht bezüglich..."
- „Es wurde festgestellt, dass..."
- „Es ist von Bedeutung zu betonen, dass..."
- „Es lässt sich argumentieren, dass..."
- „Eine interessante Feststellung ist, dass..."
- „Es gibt unterschiedliche Ansichten darüber, ob..."
- „Es ist anzumerken, dass..."

## Checkliste

Mit diesen Fragen kannst Du prüfen, ob Du mit Deiner Hausarbeit die wichtigsten Aspekte abgedeckt hat:

- Thema und Fragestellung: **Ist das Thema genau definiert und die Fragestellung präzise formuliert?** Ist das Thema relevant?
- Gliederung und Struktur: **Ist die Gliederung Deiner Hausarbeit klar und sinnvoll aufge-**

**baut?** Sind die Abschnitte und Kapitel logisch miteinander verknüpft?

- Literaturrecherche: **Wurden relevante und aktuelle Quellen aus fachlich anerkannten Quellen recherchiert und verwendet?** Sind alle Quellen korrekt zitiert und referenziert?
- **Wurde ein theoretischer Rahmen für die Arbeit entwickelt und angemessen in die Hausarbeit integriert? Sind die theoretischen Konzepte und Modelle klar dargestellt und verständlich erläutert?**
- Methodik: **Hast Du die Methodik angemessen beschrieben und gerechtfertigt?** Sind die verwendeten Methoden und Verfahren adäquat für die Fragestellung und das Forschungsdesign?
- Ergebnisse: **Hast Du die zentralen Erkenntnisse Deiner Untersuchung deutlich herausgearbeitet?** Sind sie mit den theoretischen Konzepten und der Fragestellung verknüpft?
- Diskussion: **Wurden die Ergebnisse angemessen diskutiert und interpretiert?** Sind die Schlussfolgerungen nachvollziehbar und gut begründet?
- Sprache und Stil: **Ist die Sprache klar und**

**angemessen?** Wurden fachspezifische Begriffe korrekt verwendet? Ist der Stil der Arbeit akademisch und formal korrekt?

- Formatierung: **Entspricht die Formatierung der Hausarbeit den Vorgaben und Richtlinien, die Dir gegeben wurden?** Sind Schriftart, Zeilenabstand, Zitierweise und Seitenzahlen korrekt umgesetzt?
- Korrekturlesen: **Wurde die Arbeit gründlich Korrektur gelesen, um Rechtschreib-, Grammatik- und Tippfehler zu eliminieren?** Sind alle Quellenangaben und Referenzen korrekt und vollständig?

Eine Schritt-für-Schritt-Anleitung wie Du in nur sieben Tagen eine gute Hausarbeit schreibst, findest Du in meinem Buch „Wissenschaftliches Arbeiten. Eine gute Studie erfolgreich verfassen in nur sieben Tagen".

# Das Protokoll

## Aufgabe und Funktion

In Seminaren an der Uni kommen Protokolle zum Einsatz als schriftliche Zusammenfassungen oder Berichte über den Verlauf von Sitzungen, Diskussionen oder Präsentationen. Zu ihren wesentlichen Aufgaben zählen:

- **Dokumentation:** Protokolle halten den Ablauf von Seminarsitzungen fest, inklusive der behandelten Themen, Diskussionen, Entscheidungen und Ergebnisse. Sie dienen als Aufzeichnungen, auf die später verwiesen werden können, um den Verlauf der Veranstaltung nachzuvollziehen oder um Ergebnisse zu dokumentieren.
- **Informationsaustausch:** Protokolle ermöglichen es den Teilnehmenden, Informationen auszutauschen und auf demselben Wissensstand zu bleiben. Studierende, die nicht anwesend waren, können durch das Protokoll auf den aktuellen Stand gebracht werden und verpassen keine wichtigen Inhalte oder Entscheidungen.

- **Orientierungshilfe:** Protokolle dienen als Leitfaden für künftige Aktivitäten oder Diskussionen im Seminar. Sie können als Basis für weiterführende Gespräche, Präsentationen oder Projekte benutzt werden und den Teilnehmenden helfen, den Faden der Seminarinhalte nicht zu verlieren.
- **Prüfungsgrundlage:** Protokolle können als Vorbereitungsmaterial für Prüfungen oder Klausuren verwandt werden. Sie bieten eine Zusammenfassung der behandelten Themen und können von Studierenden als Lernhilfe herangezogen werden, um ihr Wissen zu überprüfen und sich auf Prüfungen vorzubereiten.
- **Transparenz und Nachvollziehbarkeit:** Protokolle ermöglichen es allen Teilnehmenden, die Ergebnisse von Diskussionen oder Entscheidungen zu rekapitulieren und stellen sicher, dass alle über den Verlauf der Veranstaltung gleichermaßen informiert sind. Sie fördern die Transparenz und ermöglichen es, das Gesagte und Vereinbarte im Nachhinein zu überprüfen.

Im Allgemeinen sollten Protokolle über folgende Merkmale aufweisen:

- **Objektivität:** Protokolle sollten möglichst sachlich sein, die Inhalte und Ereignisse der Seminarveranstaltung wahrheitsgetreu und unvoreingenommen wiedergeben, ohne persönliche Meinungen, Bewertungen oder Interpretationen einzufügen.
- **Klarheit und Präzision:** Protokolle sollten exakt formuliert sein, um die Informationen und Ereignisse der Veranstaltung deutlich zu kommunizieren. Es ist wichtig, auf eindeutige Formulierungen, strukturierte Absätze und eine verständliche Sprache zu achten.
- **Vollständigkeit:** Protokolle sollten alle relevanten Inhalte der Seminarveranstaltung abdecken, einschließlich der behandelten Themen, Diskussionen, Entscheidungen, Ergebnisse und Aktionsschritte. Es dürfen keine wichtigen Informationen ausgelassen werden.
- **Chronologische Reihenfolge:** Protokolle sollten den zeitlichen Verlauf der Veranstaltung wiedergeben, beginnend mit Datum, Uhrzeit und Ort der Sitzung, gefolgt von einer klaren Abfolge der Ereignisse und Diskussionen während der Veranstaltung.

- **Korrektheit:** Protokolle müssen sachlich und korrekt sein, ohne falsche Informationen, Vermutungen oder Spekulationen zu enthalten. Es ist wichtig, Fakten, Gesagtes und Ereignisse genau wiederzugeben und gegebenenfalls auf Quellen zu verweisen.
- **Struktur und Format:** Protokolle sollten einen klaren Aufbau und ein einheitliches Format haben, um die Lesbarkeit und Übersichtlichkeit zu erleichtern. Dies kann beispielsweise eine Gliederung mit Überschriften, nummerierten Aufzählungen oder Tabellen beinhalten, je nach den Anforderungen der Veranstaltung oder der Institution.
- **Unterscheidung von Fakten und Interpretationen:** Protokolle sollten zwischen Fakten und bewertenden Aussagen unterscheiden. Fakten basieren auf nachvollziehbaren Informationen und Ereignissen, während Aussagen subjektive Einschätzungen oder Interpretationen sind. Es ist wichtig, diese Unterscheidung klar zu treffen und Interpretationen als solche zu kennzeichnen, falls sie im Protokoll enthalten sind.

- **Name des Autors:** Protokolle sollten mit dem Namen des Protokollführers oder der Protokollführerin sowie dem Datum und der Unterschrift versehen sein, um die Verantwortlichkeit und Authentizität des Protokolls zu gewährleisten.

## Gliederung

Wenn Du ein Protokoll schreiben musst, solltest Du auf folgenden Aufbau achten:

- **Kopfzeile:** Die Kopfzeile enthält in der Regel Informationen wie den Namen der Institution, den Titel der Veranstaltung, das Datum und die Uhrzeit der Sitzung sowie den Ort.
- **Begrüßung und Anwesenheitsliste:** Hier werden üblicherweise die Teilnehmenden der Sitzung aufgeführt, um festzuhalten, wer anwesend war und wer abwesend war.
- **Tagesordnung:** Sie gibt – falls vorhanden – einen Überblick über die behandelten Themen und die Reihenfolge, in der sie behandelt wurden. Sie kann im Vorfeld der Sitzung erstellt, während der Sitzung ergänzt oder aktualisiert werden.

- **Protokollführer und Teilnehmende:** Hier wird der Name der Person, die das Protokoll erstellt hat (der Protokollführer oder die Protokollführerin), sowie gegebenenfalls weitere Teilnehmende aufgeführt, die aktiv an der Sitzung beteiligt waren.
- **Zusammenfassung der Ergebnisse, Diskussionen und Entscheidungen:** Es werden die wesentlichen Inhalte, Interpretationen, Übereinkünfte, Dissense und Konsense der Diskussionen wiedergegeben. Der Verfasser des Protokolls nimmt beim Schreiben keine eigenen Bewertungen vor.
- **Beschlüsse und Aktionsschritte:** Hier werden die getroffenen Beschlüsse und vereinbarten Aktionsschritte festgehalten, um die Umsetzung der Entscheidungen zu dokumentieren. Es können auch Verantwortlichkeiten und Fristen für die Umsetzung angegeben werden – beispielsweise, wenn im Plenum Folgethemen oder Anschlussaufgaben entwickelt werden.
- **Sonstige Anmerkungen:** In diesem Abschnitt können sonstige wichtige Informationen, Hinweise oder Anmerkungen, die während der Sitzung gemacht wurden, aufgeführt sowie eine Schlussbemerkung formuliert werden.

- **Anlagen:** Wenn während der Sitzung Präsentationen, Dokumente oder andere Materialien verwendet wurden, können diese als Anlagen dem Protokoll beigefügt werden.

## Formulierungen und Satzanfänge

- „Die Sitzung wurde um (Uhrzeit) von (Name des Sitzungsleiters/der Sitzungsleiterin) eröffnet."
- „Es wurden (Anzahl) Teilnehmende festgestellt. Die Anwesenheitsliste befindet sich im Anhang des Protokolls."
- „Die Tagesordnung wurde wie folgt besprochen und abgearbeitet: (Liste der behandelten Tagesordnungspunkte mit Kurzbeschreibungen)."
- „Es wurde ausführlich über (Thema) diskutiert, wobei verschiedene Meinungen und Ansichten geäußert wurden."
- „Es wurde beschlossen, (Entscheidung) in Bezug auf (Thema)."
- „Es wurden folgende Schritte vereinbart: (Liste der vereinbarten Maßnahmen oder Aufgaben)."
- „Es wurden (Anzahl) Präsentationen/Dokumente/Unterlagen während der Sitzung verwendet. Diese sind als Anlagen dem Protokoll beigefügt."

- „Es wurden keine weiteren Fragen oder Anmerkungen mehr geäußert, und die Sitzung wurde um (Uhrzeit) von (Name des Sitzungsleiters/der Sitzungsleiterin) geschlossen."
- „Das Protokoll wurde von (Name des Protokollführers/der Protokollführerin) erstellt und von den Teilnehmenden bestätigt."
- „Schlussbemerkungen: (Zusammenfassung der wichtigsten Ergebnisse oder Danksagung an die Teilnehmenden)."
- „Methodik: Es wurde die (Methode) angewendet, um (Daten/Experimente/ Untersuchungen) zu erheben."
- „Es wurden folgende Ergebnisse festgestellt: (Zusammenfassung von Ergebnissen/ Funden)."
- Es wurde eine Diskussion zu den Ergebnissen geführt, bei der (Standpunkte/ Interpretationen) ausgetauscht wurden."
- Es wurde auf die folgende Literatur verwiesen: (Zitierungen von Quellen/Referenzen)."
- Es wurde eine Zusammenfassung der wichtigsten Punkte und Erkenntnisse präsentiert."
- Es wurde festgestellt, dass (Zusammenfassung von Schlussfolgerungen/Erkenntnissen)."

- Es wurden die folgenden Grenzen und blinde Flecken der Studie/Untersuchung/Experimente diskutiert."
- Es wurden mögliche zukünftige Forschungsrichtungen oder weiterführende Untersuchungen vorgeschlagen."
- Es wurde den beteiligten Personen oder Institutionen gedankt, die zur Durchführung dieses Sitzungstermins beigetragen haben."

## Checkliste

Wenn Du ein Protokoll zu schreiben hast, dann kannst Du diese Checkliste nutzen, um sicherzugehen, dass Du die wesentlichen Anforderungen entsprichst.

- **Hast Du sämtliche Sitzungsdaten erfasst?** Datum, Uhrzeit, Ort und Name des Seminars angeben.
- Hast Du eine Anwesenheitsliste notiert? Eine Liste der anwesenden Teilnehmer/innen führen, inklusive Name und ggf. Funktion oder Rolle.
- **Ist die Tagesordnung abgebildet?** Die vorab festgelegte Tagesordnung der Sitzung angeben.
- **Ergibt sich aus Deinem Protokoll eindeutig der Verlauf der Sitzung?** Dieser muss chro-

nologisch und objektiv wiedergeben werden, einschließlich der Diskussionen und Entscheidungen.

- **Hast Du die wesentlichen Ergebnisse klar formuliert?** Wo entstanden Übereinstimmungen unter den Teilnehmenden, wo gegenläufige Ansichten und wie wurden diese begründet?
- **Auf welche weiteren Arbeitsschritte wurde sich geeinigt?** Vereinbarte Anschlussfragen, Aufgaben und Verantwortlichkeiten, Fristen für die Umsetzung etc.
- **Sind die grundlegenden Referenzen deutlich?** Welche Präsentationen, Materialien, Daten, Statistiken, Studien, Aufsätze etc. wurden in der Sitzung herangezogen und diskutiert?
- **Hast Du eine sachliche Schreibweise verwandt?** Eigene Einschätzungen, Kommentare, nachträgliche Beurteilungen haben im Protokoll nichts verloren (wenn sie nicht explizit vom Dozierenden als Aufgabe genannt wurde).
- **Ist das Protokoll fehlerfrei?** Prüfe das Protokoll sorgfältig auf Rechtschreibfehler, Grammatikfehler und falsche Informationen, um eine korrekte Dokumentation zu gewährleisten.

Und so könnte ein Protokoll zum Beispiel aussehen:

# PROTOKOLL

---

## *Uni-Vorlesung „Einführung in die Psychologie“*

---

**Datum:** 10. April 2023

**Ort:** Hörsaal 101, Universität XYZ

**Anwesend:**

- Prof. Dr. Müller (Dozent)
- ca. 80 Studierende (Teilnehmer/innen)

**Tagesordnung:**

1. Begrüßung und Einführung
2. Vorstellung des Vorlesungsinhalts
3. Präsentation von Grundkonzepten in der Psychologie
4. Diskussion und Fragen der Studierenden
5. Zusammenfassung und Ausblick

Sitzungsverlauf

Begrüßung und Einführung:

- Prof. Dr. Müller eröffnet die Vorlesung und begrüßt die Studierenden.
- Er gibt eine kurze Einführung in das Fach Psychologie und stellt sich als Dozent vor.
- Er informiert über die Ziele und den Ablauf der Vorlesung.

Vorstellung des Vorlesungsinhalts:

- Prof. Dr. Müller präsentiert den geplanten Vorlesungsinhalt, darunter die Themenbereiche, die in der Vorlesung behandelt werden sollen.
- Er erläutert die Lernziele und den Aufbau der Vorlesung.
- Präsentation von Grundkonzepten in der Psychologie:
- Prof. Dr. Müller stellt grundlegende Konzepte in der Psychologie vor, wie zum Beispiel Wahrnehmung, Kognition, Emotion, Motivation und Entwicklungspsychologie.
- Er gibt eine Übersicht über die wichtigsten Theorien und Forschungsergebnisse auf diesen Gebieten.

- Er verwendet Beispiele und Fallstudien, um die Konzepte zu veranschaulichen und den Studierenden ein besseres Verständnis zu vermitteln.

Diskussion und Fragen der Studierenden:

- Prof. Dr. Müller ermutigt die Studierenden, Fragen zu stellen und aktiv an der Vorlesung teilzunehmen.
- Es entwickelt sich eine lebhafte Diskussion zu verschiedenen Themen, wie zum Beispiel den Anwendungsbereichen der Psychologie und aktuellen Forschungsergebnissen.
- Dabei kristallisierten sich im Wesentlichen zwei Positionen unter den Teilnehmenden heraus. Die eine Position vertrat die Auffassung, dass (...). Die andere Position befürwortete den gegensätzlichen Ansatz, demzufolge (...).
- Prof. Dr. Müller beantwortet die Fragen der Studierenden und fördert den Austausch von verschiedenen Perspektiven.

Zusammenfassung und Ausblick:

- Prof. Dr. Müller fasst die wichtigsten Inhalte der Vorlesung zusammen und gibt einen Ausblick auf die nächsten Vorlesungen.

- Er betont nochmals die Bedeutung der behandelten Konzepte und die Relevanz der Psychologie in verschiedenen Anwendungsfeldern.
- Er gibt Hinweise auf weitere Literatur und Ressourcen für vertiefende Studien.
- Prof. Dr. Müller verwendete eine Power-Point-Präsentation, um die Inhalte zu vermitteln. Diese wird er den Teilnehmenden zeitnah zur Verfügung stellen.

(Name des Verfassers)

# Das Thesenpapier

## Aufgabe und Funktion

Als eine Mischung aus Handout, Thesenpapier und Kommentar darf das Thesenpapier gelten. Es dient insbesondere zur:

- **Darstellung von Forschungs- oder Argumentationsvorhaben:** Thesenpapiere stellen, Forschungs- oder Argumentationsvorhaben in kompakter Form dar. Sie enthalten die zentralen Thesen oder Hypothesen, die in der weiteren Arbeit oder Präsentation vertieft werden sollen.

- **Strukturierte Aufbereitung von Inhalten:** Thesenpapiere helfen dabei, komplexe Inhalte gezielt aufzubereiten. Sie ermöglichen eine Darstellung der Forschungs- oder Argumentationsrichtung, die in der Arbeit oder Präsentation verfolgt wird, beispielsweise während eines Seminars.
- **Kommunikation wissenschaftlicher Inhalte:** Thesenpapiere dienen der Kommunikation wissenschaftlicher Inhalte an ein Publikum, beispielsweise an Kommilitonen, Professoren oder Konferenzteilnehmer. Sie ermöglichen es, die zentralen Aussagen prägnant und verständlich zu vermitteln.
- **Diskussionsgrundlage:** Thesenpapiere können als Diskussionsgrundlage eingesetzt werden, um in Seminaren, Diskussionsrunden oder Konferenzen über die vorgestellten Thesen zu diskutieren und Feedback von anderen Teilnehmern zu erhalten. Sie können als Ausgangspunkt für weiteren Austausch und als Anregung für Anschlussdebatten eingesetzt werden.
- **Evaluation von Forschungs- oder Argumentationsvorhaben:** Mit Thesenpapieren können Forschungs- oder Argumentationsvorhaben evaluiert und kritisch hinterfragt werden.

Sie ermöglichen es, die Plausibilität, Stichhaltigkeit und Überzeugungskraft der vorgestellten Thesen zu prüfen.

- **Orientierungshilfe für Autoren und Leser:** Thesenpapiere können als Orientierungshilfe für Autoren und Leser genutzt werden, um den Fokus, die Ziele und den Aufbau der Arbeit oder der Präsentation zu verdeutlichen. Sie helfen dabei, die zentralen Aussagen im Blick zu behalten und den roten Faden der Arbeit oder der Präsentation nicht zu verlieren.
- **Vorbereitung für weitere Arbeitsschritte:** Thesenpapiere können als Vorbereitung für weitere Arbeitsschritte zur Verwendung kommen, beispielsweise als Grundlage für die Erstellung von Gliederungen, Exposés, Abstracts oder Präsentationen. Sie ermöglichen es, die wichtigsten Thesen in kompakter Form festzuhalten und als Referenz für weitere Arbeitsschritte zu nutzen.
- **Wissenschaftliche Dokumentation:** Thesenpapiere können als wissenschaftliche Dokumentation verfasst werden, um den Fortschritt des Forschungsvorhabens nachvollziehbar zu gestalten – als Nachweis für die Entwicklung von Ideen, Hypothesen oder Forschungsrichtungen.

- **Präsentation der eigenen Arbeit:** In Form eines Thesenpapieres kann auch eine vorangegangene Arbeit präsentiert werden, beispielsweise die Ergebnisse einer Bachelorarbeit oder eines Aufsatzes.

Ein gutes Thesenpapier zeichnet sich durch folgende Merkmale aus:

- **Verständliche Thesen:** Ein gutes Thesenpapier enthält Thesen, die Inhalte auf den Punkt bringen, Positionen verdeutlichen und zuspitzen. Die Thesen müssen aussagekräftig sein, um den Leser oder Zuhörer sofort zu erfassen.
- **Logische Struktur:** Ein gutes Thesenpapier ist nachvollziehbar strukturiert und folgt einem logischen Aufbau. Es sollte eine kurze Einleitung enthalten, in der der Kontext und die Relevanz der Thesen dargestellt werden, gefolgt von den Thesen selbst sowie unterstützenden Argumenten oder Belegen. Eine Zusammenfassung oder ein Schlussresümee sollte ebenfalls formuliert werden, damit die Thesen nicht „nackt" daherkommen, sondern inhaltlich eingebettet werden.

- **Kohärente Argumentation:** Die Argumentation in einem Thesenpapier muss schlüssig sein. Die Thesen sollten durch überzeugende Argumente gestützt werden, die aufeinander aufbauen und eine Kette von Aussagen bilden.
- **Fundierte Basis:** Ein gutes Thesenpapier basiert auf Quellen in Form von Literatur, Forschungsergebnissen oder anderen relevanten Daten.
- **Reflexion:** Ein gutes Thesenpapier zeigt auch das Reflexionsvermögens des Autors. Es sollte nicht nur die eigenen Thesen präsentieren, sondern auch mögliche Gegenargumente oder alternative Perspektiven berücksichtigen. Damit belegst Du, dass Du ein umfassendes Verständnis für das Thema hast und auch potenzielle Schwachstellen der eigenen Argumentation bedenkst.
- **Klarer Schreibstil:** Ein gutes Thesenpapier zeichnet sich durch einen eher knappen Schreibstil aus. Es sollte verständlich und gut lesbar sein, ohne unnötige Fachbegriffe oder komplizierte Satzstrukturen, die den Lesefluss beeinträchtigen können. Ein klarer Schreibstil trägt dazu bei, dass die Thesen effektiv vermittelt werden.

- **Adäquate Länge:** Ein gutes Thesenpapier sollte eine angemessene Länge haben, die den Umfang und die Anforderungen des jeweiligen Kontexts berücksichtigt. Es sollte weder zu kurz noch zu ausführlich sein, sondern die Thesen in angemessener Weise entwickeln und unterstützen. Idealerweise sollte alles gut lesbar auf eine Seite passen. Hier ist das Thesenpapier dem Handout sehr ähnlich.
- **Korrekte Zitierweise und Quellenangaben:** Ein Thesenpapier muss selbstverständlich auch korrekte Zitierweise und Quellenangaben verwenden.

## Gliederung

Je nach Thema, Umfang und Anforderungen kann der Aufbau eines Thesenpapiers variieren. Mit dieser Grundform liegst Du immer richtig:

- **Titelseite:** Hier sind zu nennen: Titel des Thesenpapiers, dem Namen des Autors, dem Namen der Institution und dem Datum.
- **Einleitung:** Hier wird der Kontext und die Relevanz des Themas kurz dargestellt. Es kann

auch eine knappe Einleitung zur Problemstellung oder zur Forschungsfrage enthalten sein, die die Grundlage für die Thesen bildet.

- **Thesen:** In diesem Abschnitt werden die Hauptthesen oder Hypothesen präsentiert. Jede These für sich nacheinander, klar formuliert.
- **Argumente:** Hier werden die Argumente oder Belege vorgestellt, die die Thesen unterstützen. Jedes Argument sollte logisch aufgebaut und mit relevanten Informationen, Fakten, Daten oder Literaturverweisen gestützt werden.
- **Gegenargumente oder alternative Perspektiven:** In diesem Abschnitt können mögliche Gegenargumente oder alternative Perspektiven dargestellt und kritisch reflektiert werden. Dies zeigt, dass Du auch andere Standpunkte berücksichtigst und eine umfassende Auseinandersetzung mit dem Thema vorgenommen hast.
- **Schlussfolgerung:** Hier werden die Ergebnisse oder Schlussfolgerungen auf der Grundlage der Thesen und Argumente zusammengefasst. Du kannst auch einen Ausblick oder weitere Forschungsperspektiven vornehmen.

- **Literaturverzeichnis:** Hier werden alle verwendeten Quellen gemäß den gängigen Zitierregeln und dem gewählten Zitierstil aufgeführt.
- **Anhang (optional):** Falls erforderlich, können zusätzliche Materialien wie Tabellen, Diagramme, Grafiken oder andere ergänzende Informationen dem Anhang beigefügt werden.

## Formulierungen und Satzanfänge

- „Die vorliegende Arbeit untersucht..."
- „In diesem Thesenpapier wird die These vertreten, dass..."
- „Es wird argumentiert, dass..."
- „Eine zentrale These in dieser Arbeit ist..."
- „Ein wesentlicher Aspekt ist die Annahme, dass..."
- „Die Hypothese lautet, dass..."
- „Es wird angenommen, dass..."
- „Als zentrale These wird die Auffassung vertreten, dass..."
- „Ein zentrales Argument ist, dass..."
- „Es wird behauptet, dass..."

- „Eine wichtige These in Bezug auf (Thema) ist..."
- „Die vorliegende Arbeit postuliert, dass..."
- „Eine zentrale These, die in der Literatur diskutiert wird, besagt, dass..."
- „Die Hauptthese dieser Arbeit lautet..."
- „Eine umstrittene These, die in diesem Zusammenhang diskutiert wird, ist..."
- „Die vorliegende Arbeit behandelt das Thema/Problem/Fragestellung..."
- „Ziel dieser Arbeit ist es, zu untersuchen/analysieren/evaluieren, ob..."
- „Eine zentrale These dieser Arbeit ist, dass..."
- „Ein wichtiger Aspekt ist hierbei..."
- „Es lässt sich feststellen, dass..."
- „Im Fokus dieser Arbeit steht die Frage, ob..."
- „Die Argumentation stützt sich auf die Annahme, dass..."
- „Es wird darauf hingewiesen, dass..."

## Und so könnte ein Thesenpapier beispielhaft aussehen

[Kopfzeile mit Angaben zur Person, Studiengang, Semester, Sitzungstermin, Kontaktdaten, etc.]

**Titel: „Auswirkungen der Digitalisierung auf die Geschäftsmodelle im Einzelhandel - Eine Analyse aus betriebswirtschaftlicher Perspektive"**

Einleitung:

Die fortschreitende Digitalisierung hat erhebliche Auswirkungen auf verschiedene Branchen, darunter auch den Einzelhandel. In diesem Thesenpapier wird untersucht, wie sich die Digitalisierung auf die Geschäftsmodelle im Einzelhandel auswirkt und welche Herausforderungen und Chancen sich für Unternehmen ergeben. Dabei werden betriebswirtschaftliche Aspekte wie veränderte Kundenanforderungen, neue Vertriebskanäle, Innovationen im Marketing und E-Commerce-Ansätze analysiert.

Thesen:

- Die Digitalisierung verändert das Kundenver-halten im Einzelhandel und erfordert ange-passte Geschäftsmodelle.
- Neue Vertriebskanäle, wie Online-Shops und Marktplätze, bieten Chancen für den Einzelhandel, stellen jedoch auch Herausfor-derungen dar.
- Digitalisierung eröffnet Möglichkeiten für innovatives Marketing, z. B. personalisierte Werbung, Influencer-Marketing und Social Media.
- E-Commerce-Ansätze, wie Dropshipping und Online-Marktplätze, können traditionelle Einzelhändler unter Druck setzen, eröffnen jedoch auch neue Absatzmöglichkeiten.
- Die Digitalisierung ermöglicht Effizienzsteige-rungen in der Wertschöpfungskette im Einzelhandel, z. B. durch Automatisierung von Prozessen, Lagermanagement und Logistik.

Argumente:

- Veränderungen im Kundenverhalten durch die Digitalisierung, z. B. steigende Bedeutung von Online-Recherche, Bewertungen und Empfehlungen.
- Notwendigkeit für Unternehmen, ihre Geschäftsmodelle an die veränderten Kunde-nanforderungen anzupassen, z. B. durch Omnichannel-Strategien, kundenzentriertes Design und kundenorientierte Servicekon-zepte.
- Chancen von neuen Vertriebskanälen, wie breitere Reichweite, globale Märkte und direkter Zugang zu Kunden, jedoch auch Herausforderungen wie hoher Wettbewerb, Preisdruck und Logistikmanagement.
- Innovatives Marketing durch digitale Kanäle, wie personalisierte Werbung, Social Media-Kampagnen und Influencer-Marketing, zur Kundenansprache und Markenbildung.
- E-Commerce-Ansätze als Chance für den Einzelhandel, um neue Kunden zu erreichen, jedoch auch als Bedrohung für traditionelle Einzelhändler, die ihre Online-Präsenz und Logistik optimieren müssen.

Schlussfolgerung:

Die Digitalisierung hat tiefgreifende Auswirkungen auf die Geschäftsmodelle im Einzelhandel. Unter-nehmen müssen sich den Herausforderungen stellen und ihre Geschäftsmodelle anpassen, um von den Chancen der Digitalisierung zu profitieren und wettbewerbsfähig zu bleiben. Es ist wichtig, die Entwicklungen im Einzelhandel weiterhin zu beobachten und innovative Ansätze zu identifizieren, um den Anforderungen des digitalen Zeitalters gerecht zu werden.

Literaturverzeichnis:

Smith, J. (2018). The Digital Revolution in Retail: The Impact of E-commerce on Traditional Retail.

## Checkliste

Worauf solltest Du beim Schreiben eines Thesenpapiers achten:

- Themenwahl: **Hast Du ein Thema gewählt, das interessant und relevant ist, mit dem du vertraut bist und/oder an dem du interessiert bist?**
- Forschungsfrage: **Hast Du eine klare Frage oder ein eingegrenztes Thema, das Dein Thesenpapier adressiert und innerhalb dessen du Thesen formulierst?**
- Literaturrecherche: **Hast Du eine ausreichend umfassende Literaturrecherche durchgeführt?**
- Gliederung: **Hast Du eine gut strukturierte Gliederung für dein Thesenpapier ausgearbeitet?** Umfasst sie eine Einleitung, den Hauptteil mit verschiedenen Abschnitten und Unterabschnitten sowie eine Schlussfolgerung?
- Argumentation: **Formulierst Du schlüssige und überzeugende Thesen und Argumente, die dein Thema und deine Forschungsfrage passgenau treffen?** Falls Du sie mit der gefundenen Literatur zusätzlich belegen kannst, tue das.

- Quellenangaben: **Achte darauf, alle verwendeten Quellen korrekt zu zitieren** und eine vollständige Liste der verwendeten Literatur am Ende deines Thesenpapiers anzufügen.
- Sprache und Stil: V**erwende eine eher pointierte Sprache, um deine Argumente zu präsentieren, ohne zu polemisieren.** Achte auf Grammatik, Rechtschreibung und Zeichen-setzung. Du darfst Deine Thesen zuspitzen, aber dabei nicht über Gebühr vereinfachen oder gar banalisieren.
- Reflexion: **Hast Du zu verstehen gegeben, dass Dir mögliche Einschränkungen oder Grenzen der von Dir vertretenen Thesen bekannt sind und Du sie abgewogen hast?**
- Formatierung: **Achte auf die richtige Formatierung deines Thesenpapiers**, einschließlich Seitenzahlen, Zeilenabstand, Schriftart und Randgröße, entsprechend den Vorgaben Deiner Universität oder Deines Instituts.
- Lektorat: **Lasse dein Thesenpapier Korrektur lesen**, um Rechtschreibfehler, Grammatikfehler oder stilistische Unklarheiten zu identifizieren und zu korrigieren. In jedem Fall sollte eine zweite Person Dein Thesenpapier auf Fehler überprüfen.

# Die Rezension (Besprechung eines Textes)

## Aufgabe und Funktion

Rezensiert werden können letztlich alle Textsorten, meistens geht es jedoch Bücher um. Verbreitet sind Rezensionen auch in Form kommentierter Zusammenfassungen in Uni-Seminaren, wenn es darum geht, die wesentlichen Inhalte einzelner Artikel, Fachaufsätze oder Essays zu beschreiben und zu bewerten.

Die Rezension hat also mehrere Aufgaben:

- **Bewertung von wissenschaftlicher Arbeit:** Rezensionen dienen wie oben angedeutet dazu, Arbeiten wie Artikel, Bücher, Konferenzbeiträge oder Dissertationen zu bewerten. Sie analysieren die Qualität der Arbeit, prüfen die wissenschaftliche Methodik, den theoretischen Rahmen, die Ergebnisse und Schlussfolgerungen und bewerten, ob die Arbeit den wissenschaftlichen Standards entspricht.
- **Analyse:** Rezensionen beinhalten immer einen hohen Analyse-Anteil. Sie identifizieren Stärken und Schwächen der Forschung, weisen auf methodische Mängel hin, bewer-

ten die Relevanz der Arbeit und diskutieren die Bedeutung der Ergebnisse im größeren wissenschaftlichen Rahmen.

- **Orientierungshilfe:** Wissenschaftliche Rezensionen können anderen Forschenden als Orientierungshilfe dienen, um relevante Literatur zu identifizieren und die Qualität von wissenschaftlichen Arbeiten einzuschätzen. Sie ermöglichen es, den Stand der Forschung in einem bestimmten Bereich (neu) zu bewerten und die eigene Arbeit in den Kontext bestehender wissenschaftlicher Erkenntnisse einzuordnen.
- **Förderung des wissenschaftlichen Diskurses:** Rezensionen tragen zur Förderung des akademischen Austausches bei, indem sie zur Diskussion von Forschungsergebnissen und zur Weiterentwicklung von wissenschaftlichen Ideen beitragen. Durch das Angebot von Feedback und Kritik können sie Forschungsarbeiten verbessern und deren Fortschritt vorantreiben. Auch eine eher fachfremde Leserschaft kann mit einer Rezension, die sich an das breite Publikum richtet, versucht werden zu erreichen.

- **Qualitätskontrolle:** Rezensionen können auch als Qualitätskontrolle im wissenschaftlichen Publikationsprozess eingesetzt werden. Sie helfen Verlagen, Herausgebern und Peer-Review-Experten bei der Entscheidung, ob eine wissenschaftliche Arbeit veröffentlicht werden soll oder nicht. Rezensionen können Feedback leisten und sicherstellen, dass nur qualitativ hochwertige Arbeiten in der wissenschaftlichen Gemeinschaft verbreitet werden.

## Gliederung

Die Gliederung einer wissenschaftlichen Rezension kann je nach Art des zu rezensierenden Textes und den Anforderungen variieren. Hier ist jedoch eine typische Gliederung, die als allgemeine Vorlage verwendet werden kann:

- **Einleitung:** Sie stellt den Kontext der bewerteten Arbeit vor und gibt eine kurze Übersicht über den Inhalt und das Ziel der Rezension.
- **Zusammenfassung der Arbeit:** In diesem Abschnitt gibst Du eine präzise Zusammenfassung der bewerteten Arbeit. Es sollten die wichtigsten Aspekte der Arbeit wie For-

schungsfrage, Methodik, Ergebnisse und Schlussfolgerungen hervorgehoben werden.

- **Analyse und Bewertung:** Dieser Abschnitt ist der Hauptteil der Rezension und beinhaltet die Bewertung des Textes. Hier können die Stärken und Schwächen der Arbeit analysiert werden, einschließlich der methodischen Vorgehensweise, der Qualität der Ergebnisse, der Validität der Schlussfolgerungen und möglicher Einschränkungen.
- **Diskussion:** Hier können weiterführende Gedanken und Einschätzungen zur bewerteten Arbeit dargelegt, Vergleiche unternommen werden. Es können auch Vorschläge für zukünftige Forschungsarbeiten oder Anregungen für Verbesserungen gegeben werden.
- **Fazit:** In diesem Abschnitt fasst Du Deine Bewertung der Arbeit zusammen und gibst darüber hinaus eine abschließende Einschätzung ab. Es kann auch eine (Lese-) Empfehlung ausgesprochen werden.
- **Literaturverzeichnis:** Hier werden alle verwendeten Quellen, einschließlich der bewerteten Arbeit, in einem korrekten Zitierstil aufgeführt.

Weitere denkbare Abschnitte könnten eine Einordnung der Arbeit in den wissenschaftlichen Kontext sein, eine Zusammenfassung in englischer Sprache oder eine kurze Autorenbiografie.

## Formulierungen und Satzanfänge

- „Im vorliegenden Werk wird..."
- „Die vorliegende Studie beschäftigt sich mit..."
- „Der Autor/die Autorin beleuchtet in dieser Arbeit..."
- „In der vorliegenden Forschungsarbeit wird untersucht, ob..."
- „Die vorliegende Rezension widmet sich der Analyse von..."
- „Der Fokus dieser wissenschaftlichen Rezension liegt auf..."
- „In dieser Arbeit wird ein Überblick über..."
- „Die vorliegende Studie analysiert die Auswirkungen von..."
- „Das Hauptziel dieser wissenschaftlichen Rezension ist es, zu untersuchen..."
- „Die vorliegende Arbeit diskutiert die Bedeutung von..."

- „In dieser wissenschaftlichen Rezension wird..."
- „Das vorliegende Werk behandelt..."
- „Die vorliegende Studie/Arbeit untersucht..."
- „Im Rahmen dieser Rezension wird aufgezeigt, dass..."
- „Das Thema der vorliegenden Rezension ist..."
- „In dieser wissenschaftlichen Bewertung wird analysiert, ob..."
- „Die vorliegende Arbeit präsentiert eine Untersuchung zu..."
- „In dieser Rezension wird die aktuelle Literatur zum Thema..."
- „Die vorliegende Rezension gibt einen Überblick über..."
- „Das Ziel dieser Rezension ist es, zu untersuchen, ob..."
- „In dieser Rezension wird das Werk/der Artikel/der Beitrag von (Autor/in) mit dem Titel (Titel) analysiert/bewertet/untersucht."
- „Die vorliegende Rezension beschäftigt sich mit (Titel) von (Autor/in) und untersucht/evaluiert/kritisiert dabei vor allem (Aspekt/Thema/Argument)."

- „Im Rahmen dieser Rezension wird die Arbeit von (Autor/in) mit dem Titel (Titel) aus (Fachgebiet/Disziplin) betrachtet und auf (Aspekt/Inhalt/Methode) hin untersucht."
- „Als Einstieg in diese Rezension dient (Titel) von (Autor/in), welches sich mit (Thema/Aspekt) in (Fachgebiet/Disziplin) auseinandersetzt und in diesem Kontext (Ziel/Ansatz/Methodik) verfolgt."
- „Die Rezension widmet sich (Titel) von (Autor/in) und beleuchtet/analysiert/kritisiert insbesondere (Aspekt/Inhalt/Argument)."
- „Diese Rezension befasst sich mit (Titel) von (Autor/in) und betrachtet das Werk im Hinblick auf (Thema/Aspekt/Inhalt), wobei insbesondere (Argument/Methode/Ergebnis) im Fokus steht."
- „Das Ziel dieser Rezension ist es, (Titel) von (Autor/in) aus (Fachgebiet/Disziplin) zu evaluieren/analysieren/kritisch zu bewerten und dabei vor allem (Aspekt/Thema/Inhalt) zu berücksichtigen."

- „Im Rahmen dieser Rezension wird das Werk von (Autor/in) mit dem Titel (Titel) hinsichtlich (Thema/Aspekt/Argument) untersucht/analysiert/kritisiert und auf seine (Methode/Herangehensweise/Ergebnisse) hin überprüft."
- „Die vorliegende Rezension befasst sich mit (Titel) von (Autor/in) und setzt sich kritisch mit (Aspekt/Thema/Inhalt) auseinander, wobei besonders (Argument/Methode/Ergebnis) betrachtet wird."
- „Als Ausgangspunkt dieser Rezension dient (Titel) von (Autor/in), welches (Thema/Aspekt/Inhalt) behandelt und in dieser Rezension auf (Argument/Methode/Ergebnis) hin analysiert/bewertet wird."

## Beispiel einer kurzen Rezension

[Name, Datum, Kontaktdaten, ggf. Angaben zum Seminar oder zur Vorlesung]

### Titel: Rezension des Artikels „Die Rolle von Feedback in der Lehrer-Schüler-Interaktion: Eine pädagogische Perspektive"

Der Artikel „Die Rolle von Feedback in der Lehrer-Schüler-Interaktion: Eine pädagogische Perspektive" von Müller et al. (2022) beschäftigt sich mit der Bedeutung von Feedback in der pädagogischen Praxis. Dabei werden verschiedene Aspekte von Feedback in der Lehrer-Schüler-Beziehung untersucht und aus pädagogischer Sicht analysiert. Die Autoren stellen die Frage, wie Feedback von Lehrern gegeben werden kann, um den Lernprozess der Schüler effektiv zu unterstützen und zu fördern. Im Folgenden wird die Struktur des Artikels, die Argumentation der Autoren sowie die Stärken und Schwächen des Artikels kritisch betrachtet.

Die Autoren beginnen mit einer umfassenden Übersicht über den aktuellen Forschungsstand zum Thema Feedback in der pädagogischen Praxis. Sie diskutieren verschiedene Defini-tionen und Typen von Feedback, sowie die Bedeutung von Feedback für den Lernprozess der Schüler. Dabei betonen sie, dass Feedback nicht nur als Korrektur von Fehlern verstanden werden sollte, sondern auch als Prozess, der Schüler zur Selbstreflexion und zur Verbesserung ihrer Leistungen anregt. Die Autoren argumentieren, dass ein effektives Feedback einen konstruktiven Charakter haben sollte und auf die individuellen Bedürfnisse und Vorkenntnisse der Schüler eingehen muss, um nachhaltige Lernerfolge zu erzielen.

Im weiteren Verlauf des Artikels wird auf verschiedene Faktoren eingegangen, die die Effektivität von Feedback in der Lehrer-Schüler-Interaktion beeinflussen. Dazu gehören unter anderem die Art und Weise, wie Feedback gegeben wird, die zeitliche Gestaltung von Feedbackprozessen und die Bedeutung von individuellen Merkmalen der Schüler, wie zum Beispiel ihr Selbstkonzept oder ihre Motivation. Die Autoren präsentieren hierbei auch empirische Forschungsergebnisse, die zeigen, dass ein qualitativ hochwertiges Feedback die Lernleistungen der Schüler verbessern kann und dass bestimmte Feedbackstrategien, wie zum Beispiel Feedforward, besonders effektiv sind.

Die Autoren betonen jedoch auch, dass Feedback nicht immer effektiv ist und dass es auch Risiken und Herausforderungen mit sich bringt. Dazu gehören unter anderem die Gefahr von Abhängigkeit von externem Feedback, die Möglichkeit von Missverständnissen oder die potenzielle negative Auswirkung von unangemessenem oder demotivierendem Feedback. Die Autoren schlagen daher vor, dass Lehrerinnen und Lehrer in ihrer Ausbildung und Professionalisierung gezielt auf den Umgang mit Feedback geschult werden sollten, um die Qualität ihrer pädagogischen Praxis zu verbessern.

Zusammenfassend zeigt der Artikel „Die Rolle von Feedback in der Lehrer-Schüler-Interaktion: Eine pädagogische Perspektive“ von Müller et al. eine umfassende Analyse und Bewertung von Feedback in der pädagogischen Praxis. Die Autoren präsentieren eine fundierte Argumentation und stützen ihre Aussagen auf aktuelle Studienergebnisse. Ihr zentrales Ergebnis steht teilweise im Kontrast zu den Befunden von [Autorennamen, Jahr]. Hier würde Anschlussforschung besonders lohnenswert erscheinen.

## Checkliste

Hier ist eine Checkliste mit wichtigsten Punkten, auf die man beim Schreiben einer wissenschaftlichen Rezension achten sollte:

- **Hat Deine Rezension einen klaren Fokus auf den zu rezensierenden Text?** Definierst Du den Zweck Deiner Rezension und hältst ihn während des gesamten Textes aufrecht?
- **Hat Deine Rezension eine gut strukturierte Form mit einer Einleitung, einem Hauptteil und einem Schluss?** Verwendest Du Überschriften und Untergliederungen, um die Lesbarkeit zu verbessern?
- **Ist Deine Rezension kritisch?** Eine wissenschaftliche Rezension sollte nachvollziehbar sein und auf fundierten Argumenten und Beweisen basieren. Vermeide persönliche Angriffe oder diffamierende Kommentare sowie persönliche Meinungen oder voreingenommene Bewertungen, aber rezensiere kritisch, begründe und erläutere Deine Beurteilung. Bewerte die Stärken und Schwächen. Gehe auf die Argumentation, die Methodik, die Ergebnisse und die Schlussfolgerungen ein.

- **Hast Du das Werk oder den Artikel in den Kontext der relevanten wissenschaftlichen Literatur gesetzt?** Vergleiche mit ähnlichen Texten oder Ansätzen und bewerte, wie es sich in die bestehende Forschung einfügt oder welche neuen Erkenntnisse es bietet.
- **Ist Deine Sprache präzise und sachlich?** Vermeide umgangssprachliche Ausdrücke oder übermäßig komplexe Fachbegriffe und stelle sicher, dass Deine Argumentation verständlich ist.
- **Verweist Du auf Zitate?** Untermauere Deine Bewertungen und Aussagen mit Belegen und Zitaten aus dem rezensierten Text. Verwende dabei eine einheitliche Zitierweise und belege alle Aussagen mit nachvollziehbaren Quellen.
- **Hat Deine Rezension einen roten Faden?** Achte auf einen strukturierten Schreibstil mit klaren, nachvollziehbaren Argumentationslinien. Vermeide Wiederholungen und stelle sicher, dass die Rezension einen flüssigen und logischen Textfluss hat. Überprüfe Deine Rezension auf Grammatik- und Rechtschreibfehler.

# Die Analyse

## Aufgabe und Funktion

Analytische Textabschnitte befinden sich in allen wissenschaftlichen Textsorten. Eine Analyse in Reinform zu schreiben, kommt im Laufe eines klassischen Hochschulstudiums hingegen eher selten vor. Dafür spielt sie aber in vielfältigen wissenschaftsnahen Bereichen wie beispielsweise in der Beratungsbranche, im Vereins- und Verbandswesen, in der Wirtschaft und der Politik eine große Rolle. Der Sinn und Zweck wissenschaftlicher Analysen ist dementsprechend vielfältig:

- **Erforschung (neuer) Phänomene:** Wissenschaftliche Analysen werden verwendet, um Entwicklungen, Trends oder Modelle zu erforschen, sei es in den Natur- oder Sozialwissenschaften. Durch sorgfältige Beobachtung, Messung und Untersuchung von Daten werden Phänomene analysiert, um Muster oder Zusammenhänge zu identifizieren, zu beschreiben und wissenschaftliche Erkenntnisse daraus zu gewinnen, Hypothesen zu prüfen und zu validieren.

- **Datenanalyse:** Analysen umfassen oft die statistische oder qualitative Auswertung von (neuen) Daten. Diese werden durch Experimente, Beobachtungen oder Umfragen gewonnen, damit statistische Beziehungen offengelegt und untersucht oder empirisch qualitative Einsichten gewonnen werden können.
- **Interpretation von Ergebnissen:** Analysen beinhalten auch die Interpretation von Ergebnissen, um ihre Bedeutung und erweiterten Zusammenhänge verstehen zu können.
- **Generierung von Wissen:** Analysen tragen zum wissenschaftlichen Fortschritt bei, indem sie neue Erkenntnisse, Theorien oder Modelle entwickeln und prüfen.
- **Problemlösung:** Analysen können auch dazu verwendet werden, Probleme zu identifizieren und (neue) Lösungen zu entwickeln. In verschiedenen Disziplinen können wissenschaftliche Analysen eingesetzt werden, um Probleme zu verstehen und Handlungsempfehlungen zu entwickeln, damit evidenzbasierte Entscheidungen getroffen werden können.

## Gliederung

Die Präsentation und Diskussion der Ergebnisse müssen den Hauptteil der Analyse darstellen und entsprechend viel Platz beanspruchen. Einleitung und Methodik sollten kurz ausfallen. Rasch zum Punkt zu kommen, dem Kernergebnis der Analyse und dessen Diskussion, ist das Ziel. Eine Gliederung könnte daher wie folgt ausfallen:

- **Einleitung:** In diesem Abschnitt wird kurz der Hintergrund, die Relevanz und die Zielsetzung der Analyse aufgeführt. Es werden knapp und pointiert die Forschungsfragen formuliert sowie der theoretische Rahmen oder die bestehende Literatur diskutiert, jeweils nur mit den zentralen Eckpunkten.
- **Methodik:** Hier wird kompakt die Vorgehensweise der Analyse beschrieben und begründet. Es werden Informationen zur Datenerhebung, zur Stichprobenauswahl, zu verwendeten Instrumenten oder Methoden, zur Datenanalyse und zur Validierung von Ergebnissen genannt.
- **Ergebnisse:** In diesem Hauptteil werden die Ergebnisse der Analyse adressatengerecht präsentiert. Dies können quantitative oder

qualitative Daten sein, die in Form von Tabellen, Grafiken oder Text dargestellt werden. Es ist wichtig, die Ergebnisse sachlich zu präsentieren und deutlich zwischen Analyse und Interpretation zu unterscheiden.

- **Diskussion:** In diesem zweiten Hauptteil, der Diskussion, werden die Ergebnisse interpretiert. Es werden mögliche Erklärungen, Zusammenhänge oder Implikationen der Ergebnisse erörtert und mit dem theoretischen Rahmen, anderen Studienergebnissen oder der bestehenden Literatur verglichen. Auch mögliche Schwachstellen der Analyse und zukünftige Forschungsaussichten können und sollten aufgeführt werden.
- **Fazit:** In diesem Abschnitt werden die wichtigsten Erkenntnisse der Analyse zusammengefasst und in Bezug auf die Forschungsfragen oder Hypothesen bewertet. Es sollten auch Handlungsempfehlungen oder Schlussfolgerungen abgeleitet werden.
- **Literaturverzeichnis:** Hier werden alle verwendeten Quellen, die in der Analyse zitiert oder referenziert wurden, gemäß den gängigen Zitierregeln angegeben.

- **Anhang:** Hier können zusätzliche Materialien wie Rohdaten, Fragebögen oder weitere Informationen, die für die Analyse relevant sind, beigefügt werden.

## Formulierungen und Satzanfänge

- „Die vorliegende Analyse untersucht die..."
- „In dieser Studie wird analysiert, ob/wie..."
- „Ein zentrales Ziel dieser Analyse ist es, zu erforschen, ob/wie..."
- „Die Ergebnisse der Analyse zeigen darauf hin, dass..."
- „Es wurde festgestellt, dass..."
- „Die Ergebnisse legen nahe, dass..."
- „Eine interessante Beobachtung in dieser Analyse ist..., dass..."
- „Es wurde eine signifikante Korrelation/ Zusammenhang zwischen... gefunden."
- „Die vorliegende Analyse trägt zur Erweiterung/Vertiefung des Wissens über... bei."
- „Die Ergebnisse dieser Analyse werfen neue Fragen auf...
- „Die Analyse belegt die Bedeutung von... für..."
- „Die Analyse zeigt, dass..."

- „Die Daten deuten darauf hin, dass..."
- „Es wurde eine signifikante Beziehung zwischen... und... identifiziert."
- „Die Ergebnisse verdeutlichen, dass..."
- „Eine detaillierte Analyse der Daten ergab, dass..."
- „Es lassen sich klare Muster/Trends in den Ergebnissen erkennen, nämlich..."
- „Die Analyse liefert neue Erkenntnisse/Einblicke in..."
- „Die vorliegende Analyse trägt zur aktuellen Debatte/Erweiterung des Wissensstandes über... bei."
- „Es konnten Zusammenhänge/Assoziationen zwischen... und... nachgewiesen werden."

## Checkliste

Darauf solltest Du achten beim Schreiben einer Analyse:

- Thema: **Ist das Thema der Analyse eindeutig?**
- Fragestellung: **Ist das Ziel der Analyse klar formuliert?**
- **Sind relevante und aktuelle wissenschaftliche Quellen verwendet worden, um eine solide Basis für die Analyse zu schaffen?**

- Qualität der Quellen: **Inwiefern sind die verwendeten Quellen verlässlich, glaubwürdig und peer-reviewed (oder nicht)?**
- **Sind die wichtigsten Begriffe oder Konzepte, die in der Analyse verwendet werden, klar definiert und erläutert worden?**
- Methodik: **Wurde eine angemessene und begründete methodische Vorgehensweise verwendet, um die Analyse durchzuführen?** Wurden ihre Vor- und Nachteile reflektiert?
- Ergebnispräsentation: **Sind die Erkenntnisse der Analyse nachvollziehbar herausgearbeitet und mit geeigneten Daten, Fakten oder Beispielen untermauert?** Wurden mögliche Schwächen der Analyse erkannt und angemessen berücksichtigt?
- Logik: **Sind die Schlussfolgerungen der Analyse nachvollziehbar und auf die gestellte Fragestellung und/oder das Ziel der Analyse bezogen?**
- Daten: **Wurden alle verwendeten Quellen korrekt zitiert?** Sind die Referenzen vollständig und gemäß den wissenschaftlichen Zitierregeln formatiert?

- Stil und Form: **Ist der Schreibstil wissenschaftlich angemessen?** Ist der Text fehlerfrei? Wurde die Analyse auf mögliche Plagiate überprüft und sind alle zitierten Quellen ordnungsgemäß gekennzeichnet?

# Der Kommentar

## Aufgabe und Funktion

Die Aufgabe eines Kommentars besteht darin, einen Standpunkt zu einem bestimmten Thema auf wissenschaftlicher Basis darzustellen und zu begründen. Der Kommentar bewertet und beurteilt. Er geht auf aktuelle wissenschaftliche Erkenntnisse, kontroverse Themen oder Debatten ein und vertritt – teils auch auf zugespitzte Weise – eine eigene Position. Dabei kann er verschiedene Schwerpunkte besitzen:

- **Bewertung:** Eine Analyse von bereits vorhandener Forschung oder Theorien, um deren Vor- und Nachteile zu diskutieren, mögliche Lücken, Stärken oder Schwachstellen aufzuzeigen.

- **Neue Perspektiven:** Die Vorstellung neuer Ideen, Sichtweisen oder Ansätze zu einem Thema, die zur Weiterentwicklung des Wissensstandes oder zur Anregung von Diskussionen beitragen sollen.
- **Standpunkt:** Die Präsentation und Begründung eines eigenen Standpunkts zu einem Thema basierend auf einer fundierten Argumentation.
- **Debattenbeitrag:** Die Teilnahme an einer wissenschaftlichen Diskussion durch das Einbringen von neuen Informationen, Ansichten oder Interpretationen.

## Gliederung

Beim Kommentar gibt es etliche fachspezifische Unterschiede, die Auswirkungen auf den Aufbau und die Gliederung des Textes haben können. Auch im Umfang variieren Kommentare stark – von Kurzkommentaren in Seminaren, die nur eine oder zwei Seiten umfassen, bis hin zu langen Kommentaren als Buchbeiträge. Dennoch folgt der Kommentar meist einer bestimmten Struktur:

- **Einleitung:** Die Einleitung stellt das Thema der Studie oder des Artikels vor, auf den der Kommentar abzielt, und gibt eine kurze

Übersicht über den Inhalt der Arbeit. Sie kann auch den Grund für den Kommentar oder die Relevanz des Themas für das Fachgebiet erläutern. Als Auftakt eignet sich auch ein pointierter Einstiegssatz, mit dem Du das Ergebnis Deines Kommentars direkt mitteilst. Weshalb Du diese Ansicht vertrittst, begründest Du anschließend.

- **Zusammenfassung der ursprünglichen Arbeit:** In diesem Abschnitt werden die wichtigsten Ergebnisse, Schlussfolgerungen oder Interpretationen der ursprünglichen Studie oder des ursprünglichen Artikels knapp referiert. Hier ist es wichtig, die relevanten Informationen aus der Originalarbeit korrekt wiederzugeben, ohne sie lang und breit nachzuerzählen.
- **Analyse:** In diesem Abschnitt erfolgt die kritische Auseinandersetzung mit der Originalarbeit. Du nennst und gewichtest die Gründe, weshalb Dein Kommentar so ausfällt wie er ausfällt. Es können methodische Stärken und Schwächen identifiziert, Unklarheiten oder Widersprüche aufgezeigt und mögliche Einschränkungen der Studie oder des Artikels diskutiert werden. Es ist wichtig, auf evidenzbasierte Argumente zu achten und auf nachvollziehbare Informationen

oder Literatur zu verweisen, um die Kritik zu unterstützen.

- **Bewertung der Schlussfolgerungen:** In diesem Abschnitt kann das Fazit der Originalarbeit bewertet werden. Es kann überprüft werden, ob die Schlussfolgerungen angemessen sind und sich schlüssig aus den vorgelegten Daten und Ergebnissen ergeben.
- **Fazit:** Hier musst Du die Hauptpunkte Deines Kommentars aufnehmen und eine abschließende Bewertung abgeben. Gut sind auch Vorschläge für zukünftige Forschung oder weiterführende Diskussionen.
- **Daten und Quellen:** Ein Kommentar sollte immer Quellenangaben und Zitationen enthalten, um die verwendete Literatur und die Grundlage für die Argumentation nachvollziehbar zu machen. Alle verwendeten Referenzen sollten gemäß den entsprechenden Zitierregeln aufgeführt werden.

## Formulierungen und Satzanfänge

- „Die vorliegende Studie/der vorliegende Artikel behandelt das Thema XYZ und stellt interessante Ergebnisse vor, die aus drei Gründen die aktuelle Forschung zum Thema deutlich verändern könnten."

- „Die Autoren der Originalarbeit haben eine sorgfältige methodische Herangehensweise gewählt, um ihre Forschungsfrage zu beantworten."
- „Allerdings gibt es einige methodische Einschränkungen, die in Betracht gezogen werden müssen, wie zum Beispiel..."
- „Die Ergebnisse der Studie/der Artikel sind beeindruckend und liefern wichtige Erkenntnisse für das Fachgebiet ABC."
- „Es gibt jedoch einige kritische Punkte, die beachtet werden sollten, wie zum Beispiel die Auswahl der Stichprobe oder der experimentellen Bedingungen."
- „Die Interpretation der Ergebnisse in der Originalarbeit könnte genauer sein, da es einige alternative Erklärungen für die beobachteten Befunde gibt."
- „Es wäre hilfreich gewesen, wenn die Autoren weitere Analysen durchgeführt hätten, um bestimmte Aspekte genauer zu untersuchen, wie zum Beispiel..."
- „Die Diskussion in der Originalarbeit könnte ausführlicher sein, um mögliche Implikationen und Auswirkungen der Ergebnisse zu erläutern."

- „Es ist auch wichtig zu beachten, dass weitere Forschung erforderlich ist, um die vorgestellten Ergebnisse zu bestätigen oder zu erweitern."
- „Zusammenfassend lässt sich sagen, dass die vorliegende Studie/der vorliegende Artikel wertvolle Beiträge zum Fachgebiet leistet, jedoch einige methodische Einschränkungen und Interpretationsmöglichkeiten berücksichtigt werden müssen."
- „Die vorliegende Studie/der vorliegende Artikel bietet einen interessanten Beitrag zum Thema X, da sie/er..."
- „Die Autoren/Autorinnen haben in ihrer Arbeit gut dargestellt, dass..."
- „Allerdings gibt es einige methodische Mängel in der Studie/dem Artikel, die das Gesamtergebnis deutlich mindern."
- „Es bleibt unklar, ob..."
- „Einen wichtigen Aspekt, der in der Studie/im Artikel nicht ausreichend behandelt wurde, ist..."
- „Die vorgeschlagenen Schlussfolgerungen lassen sich aufgrund der begrenzten Datenlage nur eingeschränkt verallgemei-nern, da..."
- „Es wäre interessant, zukünftige Forschung durchzuführen, um..."

- „Die Autoren/Autorinnen hätten ihre Ergebnisse umfassender interpretieren können, indem sie..."
- „Es gibt einige alternative Erklärungen für die beobachteten Ergebnisse, wie zum Beispiel..."
- „Insgesamt ist der Beitrag der vorliegenden Studie/des vorliegenden Artikels zur Forschung auf dem Gebiet X bedeutend, jedoch sind weitere Studien wünschenswert, um..."

## Checkliste

Checkliste mit Fragen, auf die beim Schreiben eines wissenschaftlichen Kommentars geachtet werden sollte:

- Einleitung: **Hast Du das Thema Deines Kommentars früh und eindeutig benannt?** Hast Du den Grund für den Kommentar erläutert? Beschreibst Du die Relevanz des Themas für das Fachgebiet?
- **Hast Du die wichtigsten Ergebnisse, Schlussfolgerungen oder Interpretationen der ursprünglichen Studie oder des Artikels korrekt zusammengefasst?** Hast Du alle relevanten Informationen aus der Originalarbeit inklusive der Quellenangaben angeführt?

- **Hast Du die methodischen Stärken und Schwächen der Originalarbeit analysiert und ihre Schwachstellen benannt?** Hast Du Unklarheiten, Widersprüche oder Einschränkungen der Studie oder des Artikels identifiziert und diskutiert? Hast Du Daten, Argumente oder Literatur verwendet, um Deine Kritik zu stützen?
- **Hast Du Deine Schlussfolgerungen fundiert bewertet?** Hast Du bei Deinen Schlussfolgerungen über die Hauptpunkte Deines Kommentars hinausgedacht? Was ergibt sich an Anschlussfragen aufgrund Deines Kommentars?
- **Hast Du Vorschläge für zukünftige Forschung oder weiterführende Diskussionen gemacht?** Sind Sprache und Ton angemessen?
- **Sind Quellenangaben korrekt?** Hast Du Dich an die vorgegebenen Zitierrichtlinien gehalten und Deinen Kommentar auf Plagiate geprüft?

# Die Beobachtung (Dichte Beschreibung)

## Aufgabe und Funktion

Die Beobachtung ist ein zentrales Instrument in vielen wissenschaftlichen Disziplinen, um Daten zu sammeln, Phänomene zu analysieren und Hypothesen zu überprüfen. Sie ist genau genommen eine Methode und keine Textsorte, allerdings eine textproduzierende. Häufig wird eine Beobachtung mittels der dichten Beschreibung verschriftlich und findet Eingang in die Studienarbeit. Die Aufgaben und Funktionen von Beobachtungen sind dabei:

- **Datenerhebung:** Merkmale, Ereignisse oder Verhaltensweisen werden systematisch beobachtet und dokumentiert. Dies ermöglicht es, empirische Daten zu erheben, die ausgewertet werden können. Sie dient der Sammlung von empirischen Beweisen, die zur Unterstützung oder Zurückweisung von Hypothesen oder Theorien verwendet werden.
- **Genauigkeit:** Eine Beobachtung sollte exakt sein und kontrolliert ablaufen, um Verzerrungen oder Vorurteile zu minimieren. Es ist wichtig, dass Beobachter ihre eigenen

Voraannahmen beiseitelegen, reflektieren und das Phänomen oder das Verhalten präzise erfassen, um verlässliche Daten zu gewinnen.

- **Reproduzierbarkeit:** Eine Beobachtung sollte so gestaltet sein, dass sie von anderen Forschenden reproduziert werden könnte. Dies ermöglicht die Überprüfung der Ergebnisse, die Bestätigung der Validität und Zuverlässigkeit der erhobenen Daten.
- **Theoriebildung:** Die Beobachtung kann auch verwandt werden, um Theorien zu entwickeln oder bestehende Theorien zu überprüfen. Forschende können Muster, Zusammenhänge oder Trends identifizieren, die zur Entwicklung von Theorien oder zur Überprüfung von bestehenden Theorien beitragen können.
- **Entdeckung neuer Phänomene:** Die Beobachtung kann dazu beitragen, bisher unbekannte Phänomene oder Verhaltensweisen zu entdecken. Durch sorg-fältige Beobachtung und Dokumentation können neue Aspekte oder Muster von Phänomenen erkannt werden, die zur Erwei-terung des Wissens beitragen.
- **Validierung von Hypothesen:** Die Beobachtung kann eingesetzt werden, um Hypothesen zu testen, zu bestätigen oder zu widerlegen.

- **Praxisrelevanz:** In einigen wissenschaftlichen Disziplinen, wie beispielsweise der Psychologie oder der Medizin, kann die Beobachtung von Verhalten oder Symptomen in realen oder klinischen Umgebungen dazu beitragen, praxisrelevante Erkenntnisse zu erheben.

Beobachtungen können auf sehr unterschiedliche Weise erfolgen. Sie können eher empirisch quantitativ, aber auch stark qualitativ angelegt sein. Sie können teilnehmend beobachtend oder nicht-teilnehmend sein und viele weitere Ausprägungen annehmen. Welche Beobachtungsmethode gewählt wird, ist vor allem abhängig von der Forschungsfrage, die beantwortet werden soll.

Im Bereich der qualitativen Sozialforschung wird das Konzept der dichten Beschreibung von Clifford Geertz, einem bekannten Sozialanthropologen, oftmals mit der Methode der Beobachtung verbunden. Die dichte Beschreibung bezieht sich auf eine detaillierte, tiefgründige und kontextreiche Beschreibung von menschlichem Verhalten, Kultur oder sozialen Phänomenen, eine Beschreibung eben dessen, was beobachtet wurde.

Die Aufgabe und Funktion einer dichten Beschreibung sind:

- **Erfassen der Bedeutung:** Ziel ist es, Bedeutung von Verhalten oder kulturellen Praktiken zu verstehen. Die dichte Beschreibung versucht nicht nur zu beschreiben, was Menschen tun, sondern auch warum sie es tun und welche Bedeutung sie ihrem Verhalten beimessen. Dies ermöglicht ein tiefes Verständnis für die Kultur und das soziale Leben von Menschen.
- **Kontextualisierung:** Eine dichte Beschreibung berücksichtigt den kulturellen, sozialen, historischen und situativen Kontext, in dem das Verhalten oder das Phänomen stattfindet. Sie berücksichtigt Faktoren wie Werte, Normen, Rituale, soziale Beziehungen, Machtverhältnisse, Geschlecht, Klasse, Ethnizität und andere kontextuelle Faktoren, die das Verhalten beeinflussen.
- **Interpretation:** Die dichte Beschreibung beinhaltet die Interpretation von Verhalten oder kulturellen Phänomenen auf der Grundlage von theoretischen Ansätzen, kulturellem Verständnis und persönlicher Reflexion. Sie erfordert eine kritische Reflexion über die Bedeutung von Verhalten oder Phänomenen und ermöglicht es, implizite Bedeutungen oder kulturelle Codes zu entdecken, die für Außenstehende nicht offensichtlich sind.

- **Holistischer Ansatz:** Die dichte Beschreibung zielt darauf ab, ein umfassendes Bild des Verhaltens oder des Phänomens zu vermitteln, indem sie verschiedene Aspekte und Dimensionen berücksichtigt. Sie betrachtet das Verhalten oder Phänomen als Teil eines größeren kulturellen oder sozialen Gefüges und versucht, Zusammenhänge und Wechselwirkungen zwischen verschiedenen Elementen zu verstehen.
- **Beitrag zur Wissenschaft:** Die dichte Beschreibung ist ein wesentliches Werkzeug in den Sozial- und Geisteswissenschaften, insbesondere in der Anthropologie, Ethnografie und kulturwissenschaftlichen Forschung. Sie trägt zur Entwicklung von Theorien, zur Generierung von Wissen und zur kritischen Reflexion über kulturelle Unterschiede und soziale Phänomene bei.

Wie oben bereits erwähnt, ist die Beobachtung also eine Methode und kein Textformat. Erst in Verbindung mit der dichten Beschreibung – bzw. ihrer Varianten – wird sie zu einem Text in dem Sinne der in diesem Buch vorgestellten Textsorten.

## Gliederung

Die Beobachtung kann auf verschiedene Weisen durchgeführt werden, hat aber einige verbindende Merkmale, die sich in der Gliederung niederschlagen und auf die zu achten ist. So kannst Du Deine Beobachtung gliedern:

- **Forschungsfrage:** Klar formulierte Fragestellung, die das zu beobachtende Phänomen oder Verhalten präzise beschreibt und den Forschungskontext angibt.
- **Auswahl der Beobachtungsobjekte:** Festlegung der Kriterien für die Auswahl der Objekte, die beobachtet werden sollen, sowie die Begründung für die Auswahl.
- **Definition von Variablen:** Identifikation und Definition von relevanten Variablen, die in der Beobachtung erfasst werden sollen. Was genau soll also beobachtet werden (und was nicht)? Variablen können beispielsweise Eigenschaften von Personen, Merkmale der Umgebung oder andere Faktoren sein, die für das zu beobachtende Phänomen relevant sind.
- **Festlegung des Beobachtungsdesigns:** Auswahl und Beschreibung der konkreten Methode und des Designs, mit denen die

Beobachtung durchgeführt wird. Hierzu gehören unter anderem Entscheidungen über den Ort, die Dauer, die Häufigkeit, die Art der Datenerhebung und die Verwendung von Hilfsmitteln oder Instrumenten.

- **Durchführung der Beobachtung:** Systematische Erfassung von Daten durch direkte Beobachtung des zu untersuchenden Phänomens oder Verhaltens gemäß dem festgelegten Beobachtungsdesign. Dies beinhaltet das detaillierte Protokollieren der Beobachtungen, um eine verlässliche Datengrundlage zu gewährleisten.
- **Datenanalyse:** Auswertung und Interpretation der erhobenen Beobachtungsdaten, um Muster, Trends oder Zusammenhänge zu erkennen und Schlussfolgerungen zu ziehen. Dies kann statistische Analysen, qualitative Inhaltsanalysen oder andere geeignete Methoden umfassen.
- **Ergebnispräsentation:** Darstellung und Kommunikation der Ergebnisse der Beobachtung in wissenschaftlicher Form, z. B. in einem Forschungsbericht, einer wissenschaftlichen Publikation, einer Präsentation oder dem empirischen Teil einer Abschlussarbeit.

## Formulierungen und Satzanfänge

Bei teilnehmenden Beobachtungen:

- „Während meiner Beobachtung habe ich festgestellt, dass..."
- „Es war interessant zu beobachten, wie..."
- „Eine wiederkehrende Beobachtung war, dass..."
- „Es fiel auf, dass..."
- „In meiner Beobachtung beobachtete ich häufig, dass..."
- „Es wurde beobachtet, dass..."
- „Ein bemerkenswertes Merkmal der Beobachtung war..."
- „Es zeigte sich, dass..."
- „Es wurde deutlich, dass..."
- „Im Laufe meiner Beobachtung konnte ich beobachten, dass..."

Für die dichte Beschreibung:

- „Im Detail zeigt sich, dass..."
- „Eine genaue Betrachtung enthüllt, dass..."
- „Es fällt auf, dass..."
- „Besonders auffällig ist..."
- „In sorgfältiger Beobachtung wird deutlich, dass..."

- „Es ist zu erkennen, dass..."
- „Ein näherer Blick verdeutlicht, dass..."
- „Es lässt sich feststellen, dass..."
- „Es zeigt sich, dass..."
- „Eine detaillierte Analyse enthüllt, dass..."

## Checkliste

Hier ist eine Liste mit Fragen, die Dir helfen können, eine wissenschaftliche Beobachtung zu schreiben:

- Forschungsfrage: **Hast Du eine klare Forschungsfrage formuliert, die das zu beobachtende Phänomen oder Verhalten präzise beschreibt und den Forschungskontext angibt?**
- Beobachtungsobjekte: **Hast Du die Kriterien für die Auswahl der Objekte, die Du beobachten möchtest, klar definiert und begründet?**
- Variablen: **Hast Du die relevanten Variablen, die ich in deiner Beobachtung erfassen möchte, identifiziert und definiert?**
- Beobachtungsdesign: **Hast Du die Methode und das Design für deine Beobachtung ausgewählt und beschrieben, einschließlich Ort, Dauer, Häufigkeit, Art der Datenerhebung und Verwendung von Hilfsmitteln oder Instrumenten?**

- Durchführung: **Hast Du die Beobachtung systematisch durchgeführt, gemäß deinem festgelegten Beobachtungsdesign?**
- **Hast Du die Beobachtungen präzise und detailliert protokolliert, um eine verlässliche Datengrundlage zu gewährleisten?**
- Datenanalyse: **Habe ich die erhobenen Beobachtungsdaten ausgewertet und interpretiert, um Muster, Trends oder Zusammenhänge zu identifizieren und Schlussfolgerungen zu ziehen?**
- **Hast Du geeignete Analysemethoden verwendet, um deine Forschungsfrage zu beantworten?**
- Ergebnispräsentation: **Hast Du deine Beobachtungsergebnisse klar, objektiv und nachvollziehbar dargestellt?**
- Einordnung in den Forschungskontext: **Hast Du deine Beobachtungsergebnisse in den größeren Forschungskontext eingeordnet und ihre Relevanz für das Forschungsgebiet und die Forschungsfrage betont?**
- Reflexion: **Hast Du die Stärken und Schwächen deiner Beobachtung kritisch reflektiert und mögliche Limitationen meiner Ergebnisse diskutiert?**

- Literaturverzeichnis: **Hast Du alle verwendeten Quellen und Literatur korrekt zitiert und in einem Literaturverzeichnis aufgeführt?**

# Die Klausur

## Aufgabe und Funktion

Die Klausur an der Universität ist eine Prüfungsform, bei der Du Dein Wissen und Deine Fähigkeiten zu einem bestimmten Thema oder einem Fachgebiet in schriftlicher Form unter Beweis zu stellen hast. Das sind ihre wesentlichen Ziele:

- **Wissensüberprüfung:** Eine Klausur zielt darauf ab, das Wissen der Studierenden zu einem bestimmten Thema oder Fachgebiet zu überprüfen. Dies kann das Reproduzieren von Fakten, Konzepten, Theorien oder Modellen umfassen.
- **Leistungsbewertung:** Mit der Wissensüberprüfung ist die Bewertung der Leistung in einem bestimmten Fachgebiet oder Modul verbunden. Eine Klausur trägt dazu bei, die Leistungen der Studierenden zu vergleichen, Noten zu vergeben und die Studierenden in ihrem Lernfortschritt zu bewerten.

- **Verständnisprüfung:** Eine Klausur kann das Verständnis der Studierenden für die Inhalte und Zusammenhänge eines Fachgebiets oder Themas testen. Dies kann beinhalten, dass Studierende ihr Wissen anwenden, um Probleme zu lösen, Aufgaben zu analysieren oder Fallbeispiele zu bearbeiten.
- **Analyse- und Interpretationsprüfung:** Eine Klausur kann die Fähigkeit zur Analyse und Interpretation von Texten, Daten, Grafiken oder anderen Materialien abfragen. Dies kann die Bewertung von Informationen, die Identifikation von Zusammenhängen oder die Interpretation von Ergebnissen umfassen.
- **Transferprüfung:** Eine Klausur kann die Fähigkeit zur Übertragung von Wissen auf neue Kontexte oder Probleme prüfen. Aufgabe ist es dann, Wissen auf unbekannte oder komplexe Fragestellungen anzuwenden.
- **Zeitmanagementprüfung:** Bei hohem Aufgabenumfang kann eine Klausur auch das Zeitmanagement, die Stressresistenz und die Organisationsfähigkeit prüfen.
- **Lernanreiz:** Auch die Förderung des eigenständigen Lernens der Studierenden kann ein Ziel einer Klausur sein, da sie dazu motiviert (und Studierende zwingt), sich intensiv mit

den Inhalten und Themen eines Fachgebiets auseinanderzusetzen, um zu bestehen.

Und das sind die wesentlichen Merkmale einer Klausur:

- **Schriftlich:** Fragen oder Aufgaben zu einem bestimmten Thema oder Fachgebiet, die in schriftlicher Form beantworten werden.
- **Zeitlich begrenzt:** Innerhalb einer festgelegten Zeitspanne sind die Aufgaben zu bearbeiten.
- Prüfungsraum: Nicht zu Hause, sondern in einem speziellen Prüfungsraum, der von der Hochschule bereitgestellt wird, wird die Klausur geschrieben.
- **Themengebiet:** Die Klausur bezieht sich auf ein bestimmtes Themengebiet oder Fachgebiet bzw. Teilaspekte davon, die zuvor in Vorlesung, Seminar, Tutorium etc. behandelt wurden.
- **Prüfungsfragen:** Die Klausur besteht aus Fragen oder Aufgaben, die von den Dozenten oder Prüfern erstellt werden und verschiedene Formate wie Multiple-Choice, Kurzantworten, Essays oder praktische Aufgaben annehmen können.

- **Eigenständige Bearbeitung:** Die Studierenden bearbeiten die Klausur eigenständig und dürfen keine Hilfe von Kommilitonen, Dozenten oder anderen Quellen während der Klausur in Anspruch nehmen.
- **Beurteilung:** Die Klausur wird von den Prüfern bewertet, um die Leistung der Studierenden zu beurteilen und die Prüfungsergebnisse zu ermitteln. Die Bewertung erfolgt oft anhand vorher festgelegter Kriterien und Bewertungsschemata.
- **Vorbereitungsphase:** Die Studierenden bereiten sich in der Regel vor der Klausur durch das Lernen von Lehrmaterialien, Vorlesungsnotizen, Thesenpapiere, Protokolle, Übungen oder anderen relevanten Ressourcen vor.
- **Ggf. Zulassungsvoraussetzungen:** Für die Teilnahme an einer Klausur können bestimmte Zulassungsvoraussetzungen gelten, wie zum Beispiel eine erfolgreiche Teilnahme an einer bestimmten Anzahl von Vorlesungen oder Übungen.
- **Prüfungsordnung:** Die Durchführung von Klausuren an Universitäten unterliegt oft den Regeln und Vorschriften einer Prüfungs-

ordnung oder Prüfungsrichtlinien, die von der jeweiligen Universität oder Fakultät festgelegt werden.

## Gliederung

Klausuren folgen oft – nicht immer – typischer Fragestrukturen. Durchschaust Du sie, weißt Du, was genau von Dir verlangt wird und welche Kompetenz Du bei welcher Art der Frage Du jeweils unter Beweis stellen sollst.

- **Wissenstest:** Fragen, die darauf abzielen, Wissen zu überprüfen, indem sie Fakten, Definitionen, Theorien oder Modelle prüfen.
  **Beispiel:** „Nennen Sie drei Hauptprinzipien der Evolutionstheorie nach Charles Darwin und erklären Sie sie kurz."
- **Anwendungsaufgaben:** Fragen, die auffordern, erlerntes Wissen auf praktische Situationen oder Fallstudien anzuwenden und Lösungen oder Analysen zu präsentieren.
  **Beispiel:** „Beschreiben Sie anhand eines konkreten Beispiels aus der Wirtschaft, wie Angebot und Nachfrage das Preisniveau beeinflussen können und welche Auswirkungen dies auf den Markt haben kann."

- **Analysefragen:** Fragen, die eine kritische Analyse von Theorien, Modellen, Texten oder Daten verlangen und eine begründete Meinung oder Bewertung erfordern.

  **Beispiel:** „Diskutieren Sie Vor- und Nachteile von verschiedenen politischen Systemen und argumentieren Sie für Ihre bevorzugte Option unter Berücksichtigung aktueller politischer Entwicklungen."
- **Problemlösungsaufgaben:** Fragen, die Dich vor Herausforderungen oder Probleme stellen und von Dir verlangen, Lösungen oder Strategien zu entwickeln und zu begründen.

  **Beispiel:** „Stellen Sie ein Konzept für ein nachhaltiges Energiemanagement in einem Unternehmen Ihrer Wahl vor und erläutern Sie die Vorteile und Herausforderungen einer solchen Umsetzung."
- **Vergleichsfragen:** Fragen, die dazu auffordern, Gemeinsamkeiten und Unterschiede zwischen verschiedenen Konzepten, Theorien, Ansätzen oder Methoden zu identifizieren und zu analysieren.

  **Beispiel:** „Vergleichen Sie die wichtigsten Merkmale von Behaviorismus und Kognitivismus als zwei verschiedene psychologische Ansätze und diskutieren Sie ihre Anwendungen in der modernen Psychologie."

Wenn Du identifiziert hast, welchen Charakter die jeweilige Prüfungsaufgabe überwiegend hat, kannst Du die Art und Weise Deiner Antwort darauf abstimmen und passgenaue Antworten formulieren.

## Formulierungen und Satzanfänge

Hier sind einige Formulierungen und Satzanfänge, die Dir helfen können, in einer Klausur klar und präzise zu antworten:

Definition von Begriffen:

- „Unter (Begriff) versteht man..."
- „Der Begriff (Begriff) bezieht sich auf..."
- „Eine gängige Definition von (Begriff) ist..."

Erläuterung von Zusammenhängen:

- „Ein wichtiger Zusammenhang besteht zwischen..."
- „Ein Beispiel für den Zusammenhang von (Faktor A) und (Faktor B) ist..."
- „Es gibt eine enge Verbindung zwischen..."

Vergleich von Optionen:

- „Im Vergleich zu (Option A) hat (Option B) den Vorteil/Nachteil, dass..."
- „Ein Unterschied zwischen (Option A) und (Option B) ist..."
- „Eine Gemeinsamkeit von (Option A) und (Option B) ist..."

Begründung von Meinungen:

- „Meiner Meinung nach ist... , weil..."
- „Ich vertrete die Auffassung, dass..., da..."
- „Es ist sinnvoll zu argumentieren, dass..., weil..."

Aufzählung von Fakten oder Argumenten:

- „Ein weiteres wichtiges Argument ist..."
- „Zu den relevanten Faktoren gehören..."
- „Es gibt mehrere Gründe, die dafür sprechen, dass..."

Beschreibung von Ursachen und Wirkungen:

- „Die Ursache für... liegt in..."
- „Eine mögliche Folge von... ist..."
- „Es gibt einen klaren Zusammenhang zwischen... und..."

Bezugnahme auf Literatur oder Forschung:

- „In (Autor/Jahr) wurde gezeigt, dass..."
- „Nach (Theorie/Modell) ist bekannt, dass..."
- „Forscher haben herausgefunden, dass..."

Einleitung von Beispielen oder Fallstudien:

- „Ein Beispiel dafür ist..."
- „Um dies zu verdeutlichen, kann man auf (Beispiel/Fallstudie) verweisen..."
- „Ein Fallbeispiel dazu ist..."

Verwendung von Verknüpfungswörtern:

- „Zum einen... zum anderen..."
- „Darüber hinaus..."
- „Im Vergleich dazu..."

Zusammenfassung oder Schlussfolgerung:

- „Zusammenfassend kann man sagen, dass..."
- „In Anbetracht dieser Fakten lässt sich schlussfolgern, dass..."
- „Alles in allem..."

## Checkliste

Checkliste mit Fragen, auf die Du bei einer Klausur achten sollten:

Zum Verständnis der Aufgabenstellung:

- Habe ich die Aufgabenstellung vollständig und genau verstanden?
- Was wird von mir in der Aufgabe verlangt?
- Welche Art von Antwort oder Lösung wird erwartet?

Zum Zeitmanagement:

- Wie viel Zeit steht mir insgesamt für die Klausur zur Verfügung?
- Wie viel Zeit sollte ich für jede Aufgabe oder Frage einplanen?
- Habe ich genügend Zeit, um meine Antworten zu überprüfen?

Zur Strukturierung der Antworten:

- Habe ich einen klaren Plan oder eine Gliederung für meine Antworten?
- Sind meine Antworten logisch und gut strukturiert?

- Verwende ich geeignete Absätze, Überschriften oder Nummerierungen, um meine Antworten übersichtlich zu gestalten?

Zur Vollständigkeit der Antworten:

- Habe ich alle Teilfragen oder Aspekte der Aufgabenstellung abgedeckt?
- Habe ich alle relevanten Informationen oder Argumente in meinen Antworten erwähnt?
- Habe ich eventuell vorgegebene Begriffe oder Konzepte in meine Antworten integriert?

Klarheit und Präzision der Antworten:

- Sind meine Antworten klar und verständlich formuliert?
- Vermeide ich unnötige Wiederholungen oder umgangssprachliche Ausdrücke?
- Verwende ich Fachterminologie oder passende Fachbegriffe, wo angebracht?

Nutzung von Belegen oder Argumenten:

- Habe ich geeignete Belege, Forschungsergebnisse oder Argumente verwendet, um meine Antworten zu unterstützen?

- Habe ich meine Antworten mit ausreichend Beweisen oder Quellen belegt, wenn erforderlich?
- Habe ich darauf geachtet, meine eigene Meinung von nachweisbaren Fakten zu unterscheiden?

Rechtschreibung und Grammatik:

- Habe ich meine Antworten auf Rechtschreib- und Grammatikfehler überprüft?
- Verwende ich korrekte Fachterminologie und Formulierungen?
- Habe ich eventuelle Sprachregeln oder Vorgaben für die Klausur beachtet?

Zeit für Überprüfung:

- Habe ich genügend Zeit eingeplant, um meine Antworten vor Abgabe der Klausur zu überprüfen?
- Habe ich auf unvollständige oder unklare Antworten, Rechtschreib- oder Grammatikfehler geachtet?
- Habe ich alle Aufgaben vollständig und zufriedenstellend beantwortet?

Abgabe der Klausur:

- Habe ich meine Antworten in der vorgegebenen Form (zum Beispiel handschriftlich oder elektronisch) abgegeben?
- Habe ich meine Namen, Matrikelnummer oder andere erforderliche Informationen angegeben?
- Habe ich die Klausur fristgerecht und vollständig abgegeben?

# Die Thesis (Bachelor-/Masterarbeit)

## Aufgabe und Funktion

Als Thesis verstehen wir die Studienabschlussarbeit – zumeist Bachelor- und Masterarbeit. Sie hat folgende Aufgaben zu erfüllen:

- **Forschung:** Eine Thesis ist ein wissenschaftliches Dokument, das eine eigenständige Forschung zu einem bestimmten Thema darstellt.
- **Wissenschaftliches Schreiben:** Eine Thesis erfordert ein hohes Maß an akademischem Schreiben, das den gängigen wissenschaftlichen Standards und Konven-tionen entspricht. Die Studierenden müssen ihre

Forschungsergebnisse strukturiert darstel-len und die entsprechenden Zitierregeln und Formatierungsrichtlinien einhalten.

- **Analyse:** Eine Thesis erfordert immer auch eine Analyse von bestehender Literatur und Forschung zu dem gewählten Thema. Die Studierenden müssen relevante Literatur recherchieren, bewerten und sie bei der Beantwortung der eigenen Forschungsfrage einbeziehen, um den aktuellen Wissensstand zu verstehen und zu hinterfragen.
- **Unabhängigkeit:** Eine Thesis erfordert von den Studierenden eigenständiges Arbeiten. Sie müssen in der Lage sein, ihre Forschung selbstständig zu planen, durchzuführen und zu organisieren, um die Forschungsfragen zu beantworten.
- **Kommunikation:** Eine Thesis erfordert die Fähigkeit der Studierenden, ihre Ergebnisse zu präsentieren – in Form einer Schrift sowie ggf. zusätzlich mündlich vor einem Prüfungsausschuss.
- **Lernziel:** Eine Thesis dient auch als Lernziel für die Studierenden, da sie ihnen ermöglicht, ihr Wissen und ihre Fähigkeiten in ihrem Fachgebiet zu vertiefen, analytische Denkfähigkeiten zu entwickeln, praktische

Erfahrungen in der Durchführung von Forschung zu sammeln und ihre Fähigkeit zur Problemlösung zu stärken.

- **Bewertung:** Eine Thesis wird in der Regel von Dozierenden bewertet, die die Qualität der Forschung, die schriftliche Darstellung, die Präsentation der Ergebnisse und die Fähigkeit der Studierenden zum wissenschaftlichen Arbeiten bewerten. Die Bewertungsergebnisse tragen zur Erlangung des akademischen Grades bei.

## Gliederung

Eine Thesis ist in mehrere Abschnitte oder Kapitel gegliedert. Die genaue Gliederung kann je nach Fachbereich, Universität oder Hochschule abweichen, typischerweise aber besteht eine Thesis aus den folgenden Bestandteilen:

- **Titelseite:** Hier werden der Titel der Arbeit, der Name des Verfassers, der Name der Hochschule oder Universität, das Fach bzw. Studienprogramm, der Name des Betreuers sowie das Abgabedatum angegeben.
- **Zusammenfassung:** Eine kurze Zusammenfassung der Arbeit in der Regel auf Deutsch und/oder Englisch. Die Zusammenfassung

gibt einen Überblick über das Thema, die Forschungsfrage(n), die Methodik, die wichtigsten Ergebnisse und die Schlussfolgerungen.

- **Inhaltsverzeichnis:** Eine Liste aller Kapitel und Unterkapitel, die in der Arbeit enthalten sind, mit entsprechenden Seitenzahlen.
- **Einleitung:** Eine Einleitung, in der das Thema und die Forschungsfrage(n) der Arbeit eingeführt werden. Es werden die Motivation, die Relevanz und der Kontext der Arbeit erläutert. Auf folgende Punkte sollte in jeder Einleitung eingegangen werden: die Beschreibung des Untersuchungsgegenstandes, das zentrale Ziel und die Forschungsfrage der Thesis, den Stand der Forschung, das methodische Vorgehen sowie Aufbau und Gliederung der Thesis.
- **Theoretischer Rahmen** (oft auch Literatur- oder Theorieteil genannt): Hier kann schwerpunktmäßig wichtige Literatur zu dem Thema ausgewertet, relevante Theorien, Konzepte, Begriffe, Modelle und Studien dargestellt und diskutiert werden, um den theoretischen Hintergrund der Arbeit zu etablieren. Ebenso kann – je nach Forschungsziel – die

Methodik im Mittelpunkt stehen, also eine detaillierte Beschreibung der Methoden, die in der Arbeit verwendet wurden, um die Forschungsfrage(n) zu beantworten oder das Problem zu lösen. Dabei werden die Vorgehensweise, die Daten-erhebung, die Stichprobe, die Instrumente, die Analyseverfahren und andere relevante methodische Aspekte erläutert.

- **Ergebnisse:** Die wichtigsten Analyseergebnisse, Daten oder andere relevante Erkenntnisse, die sich aus dem Gang der Untersuchung ergeben haben, werden hier präsentiert und interpretiert.
- **Diskussion:** Eine kritische Diskussion der Ergebnisse in Bezug auf die Forschungsfrage und den theoretischen Hintergrund. Hier werden die Ergebnisse interpretiert, in den Kontext der Literatur gestellt, Stärken und Schwächen der Arbeit diskutiert und mögliche Schlussfolgerungen oder zukünftige Forschungsrichtungen aufgezeigt.
- **Literaturverzeichnis:** Eine vollständige Liste aller verwendeten Quellen nach bestimmten Zitierregeln und Zitierstilen formatiert.

- **Anhänge** (optional): Zusätzliche Materialien wie Tabellen, Grafiken, Abbildungen, Interviewtranskripte oder andere ergänzende Informationen, die für das Verständnis der Arbeit relevant sein können.

## Formulierungen und Satzanfänge

Einleitung:

- „Diese Arbeit befasst sich mit..."
- „Das Ziel dieser Thesis ist es, zu untersuchen/analysieren/evaluieren..."
- „Im Rahmen dieser Arbeit wird untersucht/analysiert/evaluiert, ob..."

Problemstellung:

- „Ein zentrales Problem ist..."
- „Es besteht eine Forschungslücke in Bezug auf..."
- „Bisherige Forschung hat gezeigt, dass..., jedoch gibt es noch Bedarf an..."

Zielsetzung:

- „Das Hauptziel dieser Arbeit ist es, zu..."
- „Es wird angestrebt, einen Beitrag zu leisten in Bezug auf..."

- „Das Ziel dieser Thesis ist es, herauszufinden/ zu ermitteln/zu bewerten..."

Methodik:

- „Für die Durchführung dieser Arbeit wurde folgende Methodik gewählt..."
- „Um das Ziel zu erreichen, wurden folgende Methoden angewandt..."
- „Die Forschungsmethoden umfassen..."

Ergebnisse:

- „Die Analyse der Daten ergab, dass..."
- „Es wurde festgestellt, dass..."
- „Die Ergebnisse zeigen, dass..."

Diskussion:

- „Die Ergebnisse deuten darauf hin, dass..."
- „Es lassen sich folgende Schlussfolgerungen aus den Ergebnissen ziehen..."
- „Die Diskussion der Ergebnisse legt nahe, dass..."

Fazit:

- „Zusammenfassend lässt sich sagen, dass..."
- „Insgesamt kann festgestellt werden, dass..."
- „Abschließend kann man sagen, dass..."

Ausblick:

- „Für zukünftige Forschung ist es wichtig, zu untersuchen/zu erforschen/zu analysieren..."
- „Es gibt noch weiteren Forschungsbedarf in Bezug auf..."
- „Es wäre interessant, in zukünftigen Studien zu untersuchen/zu analysieren/zu bewerten, wie..."

Literaturverzeichnis:

- „Die in dieser Arbeit verwendete Literatur umfasst..."
- „Es wurden folgende Quellen für die Erstellung dieser Thesis herangezogen..."
- „Das Literaturverzeichnis beinhaltet die wichtigsten Referenzen, die für diese Arbeit verwendet wurden..."

Zitieren:

- „Wie von (Autor) (Jahr) festgestellt wurde,..."
- „In Übereinstimmung mit (Autor) (Jahr),..."
- „Eine frühere Studie von (Autor) (Jahr) zeigte,..."

## Checkliste

Hier ist eine Checkliste mit Fragen, die Dir dabei helfen können, beim Schreiben Deiner Thesis nichts zu übersehen:

- Forschungsfrage: **Ist die Forschungsfrage verständlich und genau formuliert?**
- Einleitung: **Ist die Einleitung** ansprechend und führt sie in das Thema ein? Werden die Motivation und der Hintergrund der Arbeit erläutert? Wird der Forschungskontext und die Relevanz des Themas dargestellt?
- Theorie und Literatur: **Ist der theoretische Rahmen klar definiert und verständlich erklärt?** Werden relevante Theorien, Modelle und Konzepte umfassend erläutert? Ist die Literaturübersicht umfassend und aktuell?
- Methodik: **Sind die verwendeten Methoden ausführlich beschrieben?** Wurde die Methodenwahl begründet und ist sie angemessen für die Forschungsfrage? Sind die Datenquellen, Proben und Verfahren ausreichend beschrieben?
- Hauptteil: **Ist die Kapitelfolge schlüssig?** Zieht sich ein roter Faden durch die ganze Thesis hinweg klar nachvollziehbar? Werden,

wenn notwendig, Teilergebnisse deutlich herausgestellt? Sind die Überschriften aussagekräftig und werden sie konsequent verwendet? Wurden primäre und sekundäre Quellen sauber voneinander getrennt?

- Ergebnisse: **Sind die Ergebnisse verständlich formuliert und im Spiegel der Forschungsfrage dargestellt?** Werden alle relevanten Ergebnisse präsentiert, auch negative oder unerwartete Ergebnisse? Sind die Ergebnisse mit der Forschungsfrage und dem theoretischen Rahmen verknüpft?
- Diskussion: **Werden die Ergebnisse kritisch analysiert und interpretiert?** Wird auf die Bedeutung der Ergebnisse für das Forschungsfeld eingegangen? Werden Einschränkungen der Studie offen kommuniziert und Vorschläge für zukünftige Forschung gemacht?
- Fazit: **Wird die Forschungsfrage beantwortet und die Zielsetzung der Arbeit erreicht?** Werden die wichtigsten Erkenntnisse und Schlussfolgerungen zusammengefasst? Werden Handlungsempfehlungen oder Implikationen für die Praxis oder weitere Forschung gegeben?

- Sprache: **Ist der Schreibstil präzise und wissenschaftlich angemessen? Sind alle Quellen korrekt zitiert und wird auf Plagiate geachtet?**
- Korrekturlesen: **Wurde die Arbeit sorgfältig auf Rechtschreibfehler, Grammatikfehler und Tippfehler überprüft?**
- Formale Struktur: **Entspricht die Formatierung den Vorgaben Ihrer Hochschule oder Universität?**

# Das Handout (für Präsentationen und Referate)

## Aufgabe und Funktion

Ein Handout ist Begleitpapier für einen Vortrag, eine Präsentation, eine Vorlesung oder ein Seminar, das an die Teilnehmenden ausgeteilt wird. Es dient etwa dazu, den Zuhörern (zusätzliche) Informationen, besonders wichtige Inhalte, Daten und Fakten oder eine Zusammenfassung des präsentierten Inhalts bereitzustellen. Dementsprechend kann das Handout mehrere Aufgaben erfüllen:

- **Zusammenfassung:** Ein Handout bietet eine kurze Zusammenfassung des präsentierten Inhalts, um den Zuhörern einen Überblick über die wichtigsten Punkte zu geben.

- **Ergänzende Informationen:** Es kann zusätzliche Informationen enthalten, die während der Präsentation nicht ausführlich behandelt werden konnten, aber für das Verständnis des Themas relevant sind.
- **Visualisierung:** Ein Handout kann visuelle Elemente wie Diagramme, Grafiken oder Tabellen enthalten, um komplexe Informationen visuell darzustellen und das Verständnis zu erleichtern.
- **Vertiefung:** Es kann detailliertere Informationen oder weiterführende Literatur enthalten, um den Zuhörern die Möglichkeit zu geben, das Thema zu vertiefen.
- **Orientierungshilfe:** Ein Handout kann den Aufbau der Präsentation oder des Vortrags in Form von Gliederungen oder Strukturübersichten darstellen, um den Zuhörern eine Orientierungshilfe zu bieten, damit sie dem Gesagten einfacher folgen können.
- **Nachschlagewerk:** Es kann als Nachschlagewerk dienen, das die Zuhörer nach der Präsentation verwenden können, um die präsentierten Informationen später nochmals nachzulesen.

- **Kommunikationshilfe:** Ein Handout kann den Zuhörern helfen, den Inhalt der Präsentation besser zu verstehen und zu behalten, indem es als Gedächtnisstütze dient und ihnen ermöglicht, während der Präsentation Notizen zu machen.

Wichtige Merkmale eines wissenschaftlichen Handouts sind:

- **Klarheit und Struktur:** Es sollte eine klare Gliederung und eine logische Abfolge von Informationen aufweisen.
- **Kürze und Prägnanz:** Lange und umfangreiche Texte sollten vermieden werden, um die Übersichtlichkeit zu gewährleisten. Oft genügen Stichpunkte, Überschriften und kurze Botschaften.
- **Stil:** Ein Handout sollte sich sprachlich direkt am Informationsstand der Teilnehmenden orientieren. Entsprechend sind Sprache und Tonlage anzupassen, ggf. Fachtermini zu verwenden oder zu vermeiden.
- **Verwendung von Quellen:** Ein wissenschaftliches Handout sollte auf korrekte Weise auf verwendete Quellen hinweisen, zum Beispiel durch Verweise, Zitate oder Quellenangaben.

- **Fokussierung:** Ein Handout sollte sich auf die relevanten Informationen beschränken, die für das präsentierte Thema oder den Vortrag wichtig sind. Unwesentliche Details müssen vermieden werden.
- **Formatierung und Gestaltung:** Ein wissenschaftliches Handout sollte eine angemessene Formatierung und Gestaltung aufweisen, zum Beispiel eine klare Schriftart, ausreichend große Schriftgröße, angemessener Zeilenabstand und ein professionelles Erscheinungsbild.
- **Aktualität:** Ein Handout sollte auf dem neuesten Stand sein und auf korrekten und verlässlichen Informationen basieren. Es sollte sorgfältig auf Fehler, Tippfehler oder Ungenauigkeiten überprüft werden.
- **Leserorientierung:** Ein Handout sollte die Bedürfnisse der Leser im Blick haben und darauf abzielen, die Informationen verständlich zu präsentieren, ohne wissenschaftlich zu verflachen. Es muss die Zielgruppe und den Zweck des Handouts berücksichtigen, aber auch der wissenschaftlichen Komplexität des Themas gerecht werden.

## Gliederung

Diesen Gliederungsvorschlag kannst Du für Dein Handout nutzen:

- **Kopfzeile:** Hier sollten Anlass, Name, Ort, Datum oder andere formale Daten aufgeführt werden.
- **Titel:** Der Titel des Handouts sollte aussagekräftig sein, um das Thema der Präsentation oder des Vortrags klar zu kommunizieren.
- **Einleitung:** Einen Vorspann, eine sehr kurze Einleitung, die den Hintergrund und die Bedeutung des Themas erläutert und das Interesse der Leser/Zuhörer weckt.
- **Zusammenfassung:** Eine prägnante Zusammenfassung des präsentierten Inhalts, die die wichtigsten Punkte und Erkenntnisse hervorhebt.
- **Hauptinhalt:** Der Hauptteil des Handouts, der den präsentierten Inhalt in angemessener Tiefe behandelt. Hier können verschiedene Abschnitte oder Unterkapitel enthalten sein, die den Inhalt in strukturierter Weise präsentieren. Dies kann abhängig von der Art des Themas und der Präsentation unterschiedlich sein. Hier können beispielsweise folgende Abschnitte enthalten sein:

- Theoretischer Hintergrund: Eine Übersicht über die theoretischen Konzepte, Modelle oder Frameworks, die im präsentierten Inhalt behandelt werden.
- Methodik: Eine Beschreibung der angewendeten Methoden oder Forschungsdesigns, um den präsentierten Inhalt zu erarbeiten.
- Ergebnisse: Eine Darstellung der wichtigsten Ergebnisse oder Erkenntnisse des präsentierten Inhalts, unterstützt durch visuelle Elemente wie Grafiken oder Tabellen, falls vorhanden.
- Diskussion: Eine Diskussion und Interpretation der Ergebnisse sowie mögliche Schlussfolgerungen.

- **Fazit:** Eine kurze Zusammenfassung der wichtigsten Erkenntnisse, Ergebnisse oder Schlussfolgerungen, um den Lesern/Zuhörern eine klare Botschaft zu vermitteln.
- **Quellen:** Eine Liste der verwendeten Quellen, die nach gängigen Zitierregeln formatiert ist, um die Wissenschaftlichkeit des Handouts zu wahren.

- **Optional:** Je nach Zielsetzung könnten beispielsweise eine Liste von weiterführender Literatur, Anhänge mit zusätzlichen Informationen oder eventuelle Danksagungen Sinn ergeben.

## Formulierungen und Satzanfänge

Hier sind einige Beispiele für Formulierungen und Satzanfänge, die Du in einem Handout verwenden kannst:

Einleitung:

- „Das Thema dieser Präsentation/Vortrags ist..."
- „In diesem Handout wird das Thema X behandelt, mit Fokus auf..."
- „Ziel dieses Handouts ist es, einen Überblick über..."

Zusammenfassung:

- „Zusammenfassend lässt sich sagen, dass..."
- „Die wichtigsten Erkenntnisse aus diesem Handout sind..."
- „In Kürze lässt sich festhalten, dass..."

Hauptinhalt:

- „Ein wesentlicher theoretischer Hintergrund für dieses Thema ist..."
- „Im Rahmen dieser Studie/Forschungsarbeit wurde folgende Methode angewendet..."
- „Die Ergebnisse zeigen, dass..."

Diskussion:

- „Ein interessanter Aspekt, der aus den Ergebnissen hervorgeht, ist..."
- „Es lassen sich mehrere Interpretationen der Ergebnisse ableiten, unter anderem..."
- „Es ist anzumerken, dass..."

Fazit:

- „Zusammenfassend lässt sich feststellen, dass..."
- „Als Schlussfolgerung kann gezogen werden, dass..."
- „Die präsentierten Ergebnisse unterstreichen die Bedeutung von..."

Quellen:

- „Die verwendeten Quellen für diese Präsentation/Vortrag sind..."

- „Die Literaturbasis für dieses Handout umfasst..."
- „Die zitierten Quellen sind gemäß den gängigen Zitierregeln..."

Optional (weitere Abschnitte):

- „Weiterführende Literatur zu diesem Thema umfasst..."
- „Im Anhang finden Sie zusätzliche Informationen zu..."
- „An dieser Stelle möchten wir unseren Dank aussprechen an..."

## Checkliste

Hier ist eine Checkliste mit Fragen, die Dir helfen kann sicherzustellen, dass Dein Handout alle wichtigen Elemente enthält:

- Einleitung: **Ist die Zielsetzung des Handouts klar formuliert?** Wird das Thema oder der Zweck des Handouts in der Einleitung dargelegt? Ist das Handout gut strukturiert und in sinnvolle Abschnitte gegliedert?
- **Sind die Abschnitte logisch angeordnet und fließen gut ineinander über?** Sind die Informationen im Handout auf den Punkt

gebracht? Sind alle wichtigen Aspekte des Themas oder der Forschungsarbeit angemessen abgedeckt?

- **Sind die Sätze gut strukturiert und vermeiden sie unnötige Komplexität oder Jargon?**
- **Ist das Handout auf die Bedürfnisse und das Wissen der Zielgruppe abgestimmt?** Sind eventuelle Fachbegriffe oder Abkürzungen erklärt oder für die Zielgruppe verständlich gemacht?
- **Ist das Handout in einer übersichtlichen und ansprechenden Formatierung gestaltet?** Machen Schriftgröße, Schriftart und Zeilenabstand das Handout leicht lesbar? Sind eventuelle Grafiken klar und gut zu erkennen? Werden die Abbildungen angemessen beschriftet und erklärt?
- **Sind alle verwendeten Quellen im Handout korrekt zitiert und vollständig angegeben?** Wurde das Handout auf Rechtschreibfehler und Grammatikfehler überprüft?
- **Gibt es eine Zusammenfassung oder ein Fazit am Ende des Handouts? Wird die Leitfrage in der Schlussfolgerung oder im Fazit angemessen zusammengefasst?**

# Schluss

Und jetzt? Nun hast Du dieses Buch durchgelesen (oder bis hierhin vorgeblättert), aber vielleicht beschleichen Dich noch immer Vorbehalte. Möglicherweise denkst Du, dass ein Buch über das richtige wissenschaftliche Schreiben einfacher zu lesen ist als das richtige wissenschaftliche Schreiben in der Praxis umzusetzen. Und damit liegst Du natürlich richtig.

Wahr ist aber auch, dass Du, wenn Du dieses Buch aufmerksam gelesen hast, bereits einen großen Schritt nach vorne gemacht hast – und das ohne auch nur einen einzigen Satz selbst geschrieben zu haben. Überhaupt anzufangen, sich mit dem Thema wissenschaftliches Schreiben gründlich zu beschäftigen, macht den Unterschied. Genau das hast Du getan und damit hebst Du Dich bereits von der Mehrheit derjenigen ab, die dieses Interesse und diese Motivation nicht an den Tag legt. Glückwunsch!

Du musst bedenken: Auch unsere Lesegewohnheiten bestimmen den Schreiberfolg – das gilt für das wissenschaftliche Schreiben, aber auch für das Schreiben insgesamt. Insofern verbessert sich Deine Schreibfähigkeit (auch) dadurch, dass Du besser und gezielter Texte liest als zuvor. Wenn dieses Buch dazu einen Beitrag geleistet haben sollte, dann ist das ein Erfolg, von dem Du profitierst – sei es in Deinem Studium, sei es beruflich, sei es bei der Lektüre und beim Verfassen privater Texte. Lernen zu schreiben bedeutet also zu lernen, Texte (und zwar alle!) mit anderen Augen zu lesen.

Entscheidend fürs erfolgreiche wissenschaftliche Schreiben ist und bleibt aber die Praxis. Es ist wie beim Wein. Bei dieser Gelegenheit: Im Fazit etwas aufzugreifen, was in der Einleitung bereits erwähnt worden ist (Rundschluss), suggeriert Schlüssigkeit und Stimmigkeit, die inhaltlich gar nicht gegeben zu sein braucht. In diesem Fall braucht es allerdings keine Kniffe, um noch einmal sinnvoll auf das Thema Wein zu sprechen zu kommen. Denn beim Schreiben ist es wie beim Wein. Wer Kenner sein will, darf nicht aufhören zu probieren, wer schreiben können will, nicht aufhören zu schreiben.

In diesem Sinne, schreib mir gerne, was Dir gefällt, was ich vergessen habe zu erwähnen oder was Dir sonst auf dem Herzen liegt. Ich freue mich, von Dir zu hören.

lars@wissenschaftlich-arbeiten.net
www.wissenschaftlich-arbeiten.net

Printed by Amazon Italia Logistica S.r.l.
Torrazza Piemonte (TO), Italy

57602856R00117